I0796463

CON BUENOS AMIGOS

SIENTO *y* PIENSO MEJOR

Papel certificado por el Forest Stewardship Council®

Primera edición: mayo de 2025

Printed in Spain – Impreso en España

ISBN: 978-84-10396-98-2
Depósito legal: B-4.787-2025

Compuesto en Compaginem Llibres, S. L.
Impreso en Gráficas 94, S. L.
Sant Quirze del Vallès (Barcelona)

GT 9 6 9 8 2

CON BUENOS AMIGOS SIENTO *y* PIENSO MEJOR

LA AMISTAD ES
UN TESORO, PERO
HAY QUE CUIDARLA.
APRENDE A LLEVARTE
BIEN CONTIGO Y CON
LOS DEMÁS.

FRANCISCO VILLAR

Ilustrado por
SARA CABALLERIA

Montena

Índice

Introducción

Estás dejando atrás una etapa de tu vida en la que los adultos eran los que más te cuidaban y ayudaban en todo momento. Antes necesitabas a alguien para hacer casi cualquier cosa, desde caminar hasta aprender a hablar o a vestirte. **Pero, poco a poco, has ido ganando autonomía**, es decir, ya puedes hacer muchas cosas por ti mismo.

¿Has visto un bebé recientemente? Hace no tantos años, tú eras como él. Para moverte, primero necesitaste que te llevaran en brazos, luego te dieron la mano para ayudarte a caminar y, más tarde, solo te ayudaban a levantarte cuando te caías. Ahora ya no hace falta que te cojan en brazos ni que te den la mano; ahora te levantas solo.

A medida que creces, cada vez más decisiones dependen de ti. Los adultos también pasamos por esta etapa, y sabemos que equivocarse es parte del aprendizaje.

Es posible que a veces sientas que los adultos toman muchas decisiones sin preguntarte, como que tengas que ir al colegio sí o sí. Pero eso no significa que no te tengan en cuenta. Lo que intentan es crear un espacio seguro para que puedas aprender a tomar decisiones, pero sin que un error tenga consecuencias muy graves.

Imagina que la vida es un camino. Ahora te toca a ti explorarlo, aunque de momento los adultos sigan cerca, ayudándote cuando sea necesario.

Vas a enfrentarte a muchos retos en esta etapa de tu vida. Pero si aprendes a manejarlos bien, también será un tiempo de muchas satisfacciones, de diversión y de sentirte orgulloso de lo que logras.

Uno de los aprendizajes más importantes tiene que ver con cómo relacionarte con los demás. A medida que vayas tomando más decisiones por ti mismo, cada vez pasarás más tiempo con otras personas, fuera del círculo familiar. Y serán esas relaciones las que te ayuden a responder algunas preguntas importantes:

- ✔ ¿SOY COMO LOS DEMÁS?
- ✔ ¿SOY ÚTIL PARA LOS OTROS?
- ✔ ¿PUEDO QUERER Y SER QUERIDO?

Muchos expertos han estudiado lo que nos hace felices, y han descubierto que tener amigos y relaciones cercanas es lo que más influye en nuestro bienestar, incluso en nuestra salud y en cuánto tiempo vivimos.

Las relaciones familiares son importantes, pero también lo son las amistades, el compañerismo y la sociedad en la que vives.

¿Te animas a descubrir más sobre la amistad y todo lo que significa? ¡Acompáñame en este viaje!

PARTE 1

¿QUÉ ES LA AMISTAD?

1

¿Cómo somos?

Seguro que alguna vez te has hecho esta pregunta, pero la respuesta no es tan sencilla, porque, **aunque en muchas cosas somos iguales, en otras somos muy diferentes.**

Por un lado, todos los seres humanos nacemos del mismo modo. Por norma, tenemos el mismo número de huesos y los mismos órganos, y sentimos las mismas emociones: alegría, tristeza, miedo, enfado... También todos tenemos necesidades básicas como comer, beber agua y dormir.

Además, en nuestra sociedad todos poseemos los mismos derechos y deberes. Todos tenemos derecho a que nos traten bien, a tener un hogar y a vivir con dignidad. Y también debemos cumplir las normas que nos ayudan a convivir.

A pesar de todo esto, ninguna persona es exactamente igual a otra.

- **Nuestro cuerpo puede tener un aspecto diferente.** Todos tenemos nariz, pero hay muchas formas de nariz. Todos tenemos una altura y un peso, pero no son los mismos.
- **Nuestras emociones son distintas.** Todos podemos sentir tristeza o alegría, pero no todos reaccionamos igual ante las situaciones. A algunos les afectan mucho las críticas, mientras que otros no les dan importancia.

- **Aprendemos de forma diferente.** Todos nacemos sin saber nada, pero algunos aprenden más rápido que otros en ciertos ámbitos. Puede que a ti se te dé bien la música y a otro las matemáticas.
- **Nuestro entorno también nos hace únicos.** No es lo mismo crecer en un pueblo que en una ciudad, tener una familia grande que ser hijo único, y en cada país hay idiomas y costumbres diferentes.

En resumen, somos iguales en lo más importante, pero también somos únicos en muchos aspectos. Y eso es lo que nos hace especiales.

Si solo pensáramos en lo que nos hace diferentes, podríamos quedarnos aquí y no seguir adelante. Pero lo más interesante es ver qué cosas tenemos en común, porque son esas las que nos ayudan a relacionarnos con los demás.

Para entenderlo mejor, vamos a conocer a un pensador muy importante. Se llamaba Aristóteles y vivió hace más de dos mil años. Puede que nunca hayas oído hablar de él, pero muchas de sus ideas siguen siendo útiles hoy en día.

Aristóteles pensaba mucho en la amistad y en cómo nos relacionamos con los demás. Él creía que los seres humanos nacemos para vivir en compañía. Lo dijo con estas palabras:

«El hombre es un ser político y nacido para vivir en compañía».

La segunda parte de la frase es fácil de entender: necesitamos a otras personas. Nadie puede vivir completamente solo, y eso no es malo; al contrario, es lo que nos hace FUERTES.

Sobre la primera parte, cuando Aristóteles dice que somos «seres políticos», no se refiere a los políticos que salen en la tele. Para él, la política era participar y colaborar con los demás.

Si lo actualizáramos con palabras más fáciles, diríamos algo así:

«Los seres humanos somos colaboradores por naturaleza y tenemos la suerte de vivir rodeados de otras personas».

Y esta capacidad de ayudarnos unos a otros, de trabajar juntos y adaptarnos a los cambios, es el secreto de nuestra fortaleza.

¿QUÉ DICE LA CIENCIA?

Un estudio de la Universidad de California muestra que nuestro cerebro está diseñado para la interacción social. Al parecer, una de las partes más activas de nuestro cerebro tiene que ver con la conexión con otras personas. Esto explica por qué necesitamos compartir lo que sentimos y por qué nos gusta colaborar con los demás.

Un psicólogo británico cuenta que somos muy buenos intentando averiguar qué piensan los demás. Nos importa lo que pasa en su interior casi tanto como lo que nos pasa a nosotros. Un estudio de 2007 realizado por este psicólogo explora específicamente cómo el cerebro humano está especializado en las interacciones sociales, incluyendo las áreas de la amígdala y la corteza prefrontal medial, que tienen un rol clave en el entendimiento de los estados mentales de otras personas.

RESUMEN DEL CAPÍTULO

¿EN QUÉ SOMOS IGUALES?

- En nuestras necesidades más importantes (comer, dormir y sentirnos seguros).
- En nuestras emociones, porque experimentamos las mismas (alegría, tristeza, ira, miedo, sorpresa, etc.).
- En que nacemos sin habilidades y las vamos adquiriendo mientras crecemos.
- En nuestra anatomía básica (todos tenemos unos órganos que cumplen funciones concretas).
- En que tenemos los mismos derechos humanos solo por el hecho de nacer.

¿EN QUÉ SOMOS DIFERENTES?

- En la intensidad de nuestras necesidades (unos necesitan más comida; otros, menos).
- En nuestra apariencia física (altura, peso, rasgos faciales, etc.).
- En la forma en que sentimos las emociones (algunos son más sensibles a la tristeza o a la alegría que otros).

- ✗ En la facilidad para desarrollar habilidades (hay quienes aprenden más rápido a cantar, dibujar o jugar al baloncesto).
- ✗ En nuestros entornos y circunstancias (no es igual crecer en la montaña que en una gran ciudad).

EJERCICIO PRÁCTICO

Piensa en tres actividades que te gusten y compártelas con alguien de tu familia o de tus amigos. Fíjate en qué puntos coincides con esa persona y en qué aspectos sois diferentes. Reflexiona sobre cómo estas diferencias y similitudes pueden hacer que las actividades sean más divertidas e interesantes.

1 ______________________________

2 ______________________________

3 ______________________________

2

¿Por qué somos así?

Puede parecer extraño, pero **los humanos somos fuertes precisamente porque somos débiles**. Nuestra fortaleza no está en los músculos ni en la velocidad, sino en la necesidad de apoyarnos unos en otros. Desde que nacemos, dependemos completamente de los demás. No podemos sostenernos de pie, ni alimentarnos solos ni protegernos. Y esa necesidad de ayuda nos ha hecho crecer como especie.

Piénsalo un momento. Un bebé humano no podría sobrevivir sin el cuidado de los adultos. En cambio, una tortuga marina, desde que nace, ya es capaz de moverse, nadar y buscar su propia comida. Nunca conocerá a sus padres, porque no los necesita. Pero ¿sabes qué es curioso? Que incluso las tortugas, que parecen tan independientes, dependen unas de otras en su primer gran reto: llegar al mar. Todas nacen al mismo tiempo en la playa y avanzan juntas hacia el agua. Esa es su estrategia para sobrevivir. Si fueran solas, los depredadores las atraparían fácilmente. Sin embargo, al ir en grupo, muchas logran escapar.

¡QUÉ CURIOSO!

¿Sabías que los humanos somos la especie más «dependiente» al nacer? A diferencia de otros animales que caminan o se valen por sí mismos al poco de nacer, los bebés humanos necesitan años de cuidado y protección. Esto se debe a que nacemos con un cerebro aún en desarrollo, lo que nos permite aprender y adaptarnos a un entorno cambiante. ¡Es como si la infancia fuera nuestra mejor estrategia evolutiva para convertirnos en seres supercomplejos y supercreativos!

Si nos comparamos con algunos animales, podríamos parecer débiles. No tenemos garras afiladas, no somos muy rápidos y no poseemos un pelaje grueso para protegernos del frío. Pero, en realidad, tenemos algo muchísimo más poderoso: nuestra capacidad de trabajar juntos.

A lo largo de la historia, cuanto más nos hemos ayudado entre nosotros, más fuertes nos hemos vuelto. En vez de aprender a hacerlo todo solos, hemos aprendido a repartir el trabajo.

Piensa en los lobos, los leones o las hienas. Cazan en grupo, pero cada uno es fuerte por sí mismo. Si un lobo se queda atrás, la manada sigue sin él. En cambio, algunos científicos creen que los humanos empezamos a ser diferentes del resto de los animales cuando alguien decidió parar y ayudar a otro que no podía seguir. Parece un gesto pequeño, pero lo cambió todo. Desde entonces, nos hemos necesitado unos a otros más que cualquier otro animal.

¡QUÉ CURIOSO!

¿Sabías que los elefantes cuidan de sus crías de manera muy parecida a cómo lo hacemos los humanos? Forman grupos en los que todos colaboran para proteger y enseñar a las crías. Este comportamiento colectivo ha ayudado a su supervivencia durante siglos.

Mira lo que pasa hoy en día. Un médico puede operar un corazón, pero necesita a otro especialista para que el paciente esté dormido durante la cirugía. Ninguno de los dos sabe cómo se fabrica la luz del hospital ni cómo llega el oxígeno a la sala, pero hay alguien que se encarga de eso.

Hace siglos, una persona podía construir una casa entera. Ahora, las casas y los edificios son tan grandes y complejos que se necesitan cientos de personas para hacerlos.

Pero esto no es una debilidad; **es lo que nos hace fuertes**. Eso sí, también nos enseña una gran lección: si nos necesitamos unos a otros, tenemos que ser responsables y cuidarnos. No solo entre nosotros, sino también a los animales, a las plantas y al planeta en el que vivimos.

¿QUÉ DICE LA CIENCIA?

Un estudio de 2002 publicado en la revista *Journal of Family Communication* encontró que los niños que reciben más apoyo de sus cuidadores y amigos desarrollan mejor sus habilidades sociales y emocionales. Esto demuestra que **necesitar a los demás no es una debilidad**, sino una gran oportunidad para aprender y evolucionar.

No te asustes, te prometo que no nos vamos a salir de nuestro compromiso: no voy a hablarte de las formas de organizarse entre seres humanos ni de acuerdos internacionales o cosas similares. Nos vamos a centrar en las relaciones de proximidad entre humanos en las que te vas a ver envuelto en los próximos años fuera de la familia. Se trata de los compañeros y los amigos, pero empezaremos hablando de estos últimos; comenzaremos por la amistad, y profundizando en ella, quizá podamos sacar ideas para el resto de las relaciones que tenemos y tendremos con los demás.

RESUMEN DEL CAPÍTULO

- Nuestra fortaleza proviene de nuestra debilidad. Cuanto más necesitamos a los demás, más aprendemos a colaborar.
- Los bebés humanos son completamente dependientes, lo que los une desde el primer momento a otras personas.
- En la naturaleza, algunas especies (como las tortugas marinas) parecen más independientes, pero también cooperan a su manera.
- La colaboración ha permitido que los humanos avancemos en medicina, arquitectura, ciencia..., al combinar el trabajo de muchas personas especializadas.
- Nos centraremos en entender las relaciones de cercanía: cómo nos hacemos amigos y cómo convivimos con los demás.

Piensa en las últimas 24 horas de tu vida.

1 Lista de cosas

Escribe tres cosas que hayas hecho y que hayan requerido la ayuda de alguien (por ejemplo, que te explicaran algo en el colegio, que te llevaran en coche a un lugar o que te prepararan la comida).

2 Reflexiona

¿Podrías haber hecho esas cosas completamente solo?

3 Comparte

Habla con un amigo o con tu familia acerca de cómo te sentiste al recibir esa ayuda y qué opinas sobre esta necesidad de colaboración.

3

¿Qué es la amistad?

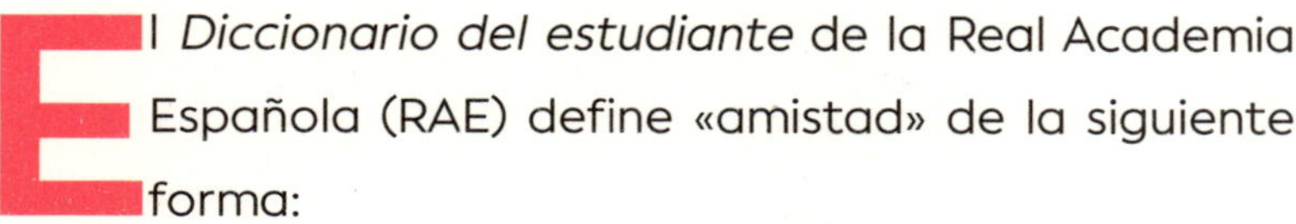

El *Diccionario del estudiante* de la Real Academia Española (RAE) define «amistad» de la siguiente forma:

«Relación de afecto y confianza personal, que nace y se fortalece con el trato y no está basada en lazos familiares o sexuales».

Esta definición menciona algunos puntos importantes:

- Para que exista amistad, debe haber AFECTO Y CONFIANZA.
- Esta relación NO DEPENDE de la familia ni de parejas sentimentales.

- EL TIEMPO COMPARTIDO es lo que hace que la amistad nazca y crezca.

Sin embargo, hay algo más que debemos tener en cuenta. La amistad requiere, ante todo:

- **Mutualidad.** El afecto y la confianza deben ser mutuos.
- **Elección libre.** Ambos amigos se eligen de manera voluntaria.
- **Tiempo y dedicación.** La amistad no surge de la noche a la mañana, necesita experiencias compartidas.
- **Igualdad.** No existe una jerarquía como la que se da entre padres e hijos, o entre jefes y empleados.

Vamos a ver cada una de estas cosas en detalle.

1 Que el afecto sea mutuo

Efectivamente, la amistad es una relación para la que se necesitan, al menos, dos personas, pero no la simple presencia de ellas, sino que ambas estén involucradas y compartan ese afecto y esa confianza. De modo que tiene que existir relación de afecto y confianza, pero también ser **mutua** o **recíproca**.

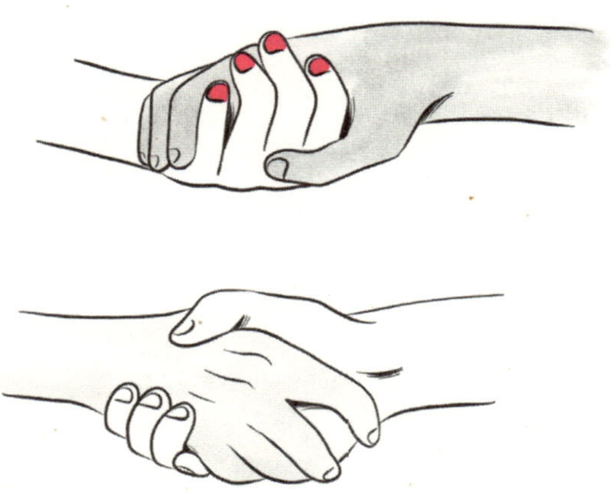

¿QUÉ DICE LA CIENCIA?

Un estudio publicado en la revista *Child Development* (1996) señala que los niños que cuentan con amistades sólidas suelen desarrollar una mejor autoestima, manejar mejor sus emociones y sentirse más protegidos ante situaciones difíciles. Esto refuerza la idea de que la amistad es un gran apoyo en la etapa de la niñez y la adolescencia.

2 Elegida y libre

Para que exista amistad, ambas personas tienen que elegir ser amigos. No puede ser algo obligado ni impuesto.

Piénsalo: no puedes ser amigo de alguien que no quiere ser tu amigo ni puedes obligar a nadie a que lo sea. La amistad funciona cuando dos personas se eligen libremente y se reconocen (mutuamente) como amigos.

Es como cuando encuentras a alguien con quien te llevas bien, con quien disfrutas jugando o compartiendo cosas. Si ambos queréis ser amigos, la amistad surge de manera natural. Pero si una de las dos personas no siente lo mismo, no es una amistad real.

¡QUÉ CURIOSO!

¿Sabías que algunas especies de primates, como los chimpancés, parecen tener relaciones que se asemejan a la amistad? Se observa que se acicalan, se cuidan cuando alguno está herido y se buscan para compartir momentos de calma. Aunque no sea exactamente igual que la amistad humana, demuestra cómo la cooperación y el afecto benefician a muchas especies.

3 Tiempo y dedicación

Seguro que muchas veces habrás escuchado a alguien decir que ha «encontrado» un amigo fantástico, pero la verdad es que la amistad no se encuentra. La amistad nace, se hace y se fortalece con el trato, y todo esto requiere un tiempo.

En primer lugar, el deseo de formar una amistad con alguien no siempre se convierte en realidad. Por ejemplo, si llega una chica nueva a tu clase y quieres que sea tu amiga por alguna razón, eso no basta para que os hagáis amigos. No os conocéis, y no habéis compartido el suficiente tiempo ni experiencias como para consideraros amigos aún.

A veces, las ganas de ser amigos con una persona pueden ser contraproducentes y podemos llegar a perder la oportunidad de hacer un buen amigo por precipitarnos: **sin tiempo para conocer a las personas no se puede compartir con ellas una amistad real.**

De hecho, en la mayoría de las ocasiones hacemos buenos amigos solo por el hecho de compartir tiempo con otras personas, incluso con aquellos que en un primer momento nunca pensamos que podrían llegar a serlo. Fíjate en todos los amigos que tienes en clase: seguro que cuando los conociste no sabías que serían tus amigos, pero el tiempo y todo lo que haces con ellos provocó que la amistad surgiera sola.

Por tanto, el tiempo es clave para poder hablar de amistad y para que nazcan sentimientos de afecto, confianza y fidelidad. Sin tener las oportunidades para poder demostrar mi lealtad, será muy difícil que mi amigo sepa que le soy leal. Obviamente, aunque el paso del tiempo sea muy importante, también lo es generar confianza y demostrar tu fidelidad de forma regular; no basta con hacerlo de vez en cuando. Si pasa el tiempo y esa amistad no se cuida, se echará a perder.

Tiempo + Hechos = Amistad sólida

Como decía ese señor que vivió hace tanto tiempo del que habéis leído antes:

«No hay amistad estable sin fidelidad, y la fidelidad no existe sin tiempo».

En resumen, la amistad es como un diamante: es muy valiosa y puede ser muy fuerte y resistente, y necesita tiempo para crearse y fortalecerse, pero, a diferencia de las piedras preciosas, no se puede comprar ni vender. Es un bien inmaterial que no se puede tocar ni tampoco se le puede poner precio. Por último, y la diferencia más importante, un diamante crece hasta un punto y así se queda; la amistad, por lo contrario, puede apagarse si no le dedicas la suficiente atención o puede cambiar con el paso del tiempo.

Pero ¡ojo! Es importante saber que el tiempo no es infalible. A veces, las amistades terminan al cabo de unos años, pero eso no significa que esa amistad que has compartido con alguien no haya existido nunca. Es decir, si has sido amigo de alguien durante dos años, esa amistad no se elimina ni caduca, ha sido real y ha durado dos años. Seguro que has oído a alguien decir que, si una amistad se acaba, es que nunca fue amistad. Estas personas se equivocan y son muy injustas. Si has compartido tiempo, sufrimiento y alegrías y os habéis apoyado mutuamente, **vuestra amistad ha sido real**, aunque os hayáis distanciado o ya no seáis amigos.

4 Igualdad

Para que haya amistad, es importante que las dos personas estén en igualdad de condiciones. Esto significa que ambas deben elegir libremente ser amigas y decidir hasta dónde quieren llevar la relación.

A veces escuchamos que una amistad está «desequilibrada» porque parece que uno se esfuerza más que el otro, es más paciente o da más de lo que recibe. Sin embargo, mientras ambos puedan decidir seguir o terminar la amistad, sigue siendo una relación entre iguales.

Esto no ocurre en la familia. Los padres no pueden ser «amigos» de sus hijos porque la relación entre ellos no es igual. Los padres tienen la responsabilidad de cuidar, educar y tomar decisiones, incluso si a los hijos no les gusta. **En cambio, los amigos no tienen autoridad sobre el otro, se eligen libremente y sin obligaciones.**

Es curioso que algunos padres digan que quieren ser los mejores amigos de sus hijos. ¿Por qué querrían eso? Los niños y adolescentes necesitan amigos de su edad, pero también padres que les guíen. Es una relación distinta y no tendría sentido mezclarla. Como reza el dicho: «Búscate amigos de tu tamaño». Familia y amigos pueden convivir sin necesidad de mezclarse o reemplazarse. Cada relación tiene su propio lugar en nuestra vida.

Lo mismo pasa con las relaciones sentimentales. Muchas veces oímos a alguien decir que su pareja es «su mejor amiga», pero la amistad tiene su propio espacio y no necesita ser absorbida por otras relaciones.

Al final, es verdad que muchas personas terminan prefiriendo a su familia o a sus parejas antes que a sus amigos. Pero eso no hace que la amistad sea menos importante. De hecho, los estudios muestran que tener buenos amigos nos hace más felices y ayuda a que otras relaciones, como las familiares y sentimentales, sean más estables.

La amistad tiene algo especial. A diferencia de la familia, donde las relaciones vienen dadas, en la amistad alguien te elige libremente. No hay obligaciones ni compromisos forzados. **Es una relación entre iguales, y por eso es tan valiosa, pero también de las más difíciles de cuidar.**

Hasta aquí hemos hablado de la amistad en general, pero ¿cómo saber quiénes son realmente nuestros amigos? Aristóteles, el señor de hace dos mil años, nos da algunas pistas. Según él, un amigo es alguien que:

- ✔ QUIERO HACER COSAS BUENAS POR TI.
- ✔ DESEA QUE ESTÉS BIEN Y VIVAS FELIZ.
- ✔ PASA TIEMPO CONTIGO.
- ✔ TIENE GUSTOS O INTERESES PARECIDOS A LOS TUYOS.
- ✔ COMPARTE CONTIGO LA ALEGRÍA Y EL SUFRIMIENTO.

Si alguien cumple alguna de estas cosas contigo durante un tiempo, puedes considerarlo tu amigo. No hace falta que las cumpla todas. A veces, la amistad surge sin que sepamos exactamente por qué.

La amistad hace que la vida sea más fácil y agradable, y lo que inviertas en ella te beneficiará en muchos sentidos, incluso en darle sentido a la vida.

RESUMEN DEL CAPÍTULO

- La **amistad** es un vínculo basado en el afecto y la confianza que nace y crece con el tiempo.
- No tiene su origen en lazos familiares ni en relaciones de pareja, sino en una **elección mutua y libre**.
- Requiere **reciprocidad, compartir experiencias** y un grado de **igualdad** entre las personas.
- Las relaciones entre padres e hijos o de pareja son distintas, aunque también contengan afecto y confianza.
- La amistad puede durar poco o mucho, pero **mientras existe** y se cuida, es real y aporta beneficios enormes a nuestra vida.

EJERCICIO PRÁCTICO

1 Lista de amigos

Escribe los nombres de tres personas que consideres tus amigos.

2 Identifica los criterios

Al lado de cada nombre, anota en qué momentos ese amigo te ha demostrado afecto, confianza o preocupación por ti.

3 Reflexiona

¿Tú también les has correspondido de manera similar? ¿En qué ocasiones?

4 Conclusiones

Piensa si esas amistades han necesitado tiempo para formarse. ¿Cambiarías algo para cuidarlas mejor?

4

Amistad y pantallas: ¿cuantas más, mejor?

Hemos reflexionado mucho sobre la amistad, y en la segunda parte del libro, veremos cómo mejorarla y disfrutarla aún más. Pero quizá te sorprenda que, hasta ahora, no hayamos hablado de la amistad en el mundo digital.

¿Por qué? Porque, aunque parecía que la tecnología iba a ayudarnos a hacer más amigos, en realidad ha hecho que tengamos menos oportunidades de crear amistades auténticas. **¿Cómo puede afectar pasar tiempo delante de una pantalla a mis amistades?** Pues porque el tiempo que pasamos en una cosa no lo dedicamos a otra. Si estamos muchas horas en el mundo digital, esas horas no las compartimos con amigos en la vida real.

Esto no significa que la amistad vaya de sacrificios todo el rato. En realidad, pasar la tarde con amigos no requiere un gran esfuerzo y suele ser muy divertido, pero, además, nos ayuda a aprender y a crecer. La clave no está en hacer más cosas, sino en elegir bien cómo usamos nuestro tiempo y asegurarnos de que las experiencias que vivimos valen la pena.

¡QUÉ CURIOSO!

¿Sabías que ya en la antigua Grecia algunos filósofos alertaban de los «engaños» de la comunicación a distancia? Aunque en ese momento no existía internet, se referían a las cartas y a los mensajeros, que no podían sustituir una conversación real para conocer de verdad a la persona. Esto demuestra que el contacto directo siempre ha sido visto como algo insustituible.

Es verdad que, a veces, quedar con los amigos puede dar pereza. Es más fácil y cómodo conectarse a internet y hablar por mensaje o videollamada. Pero esto no es solo una impresión tuya, ¡le pasa a todo el mundo!

Hablar por internet es menos exigente que hacerlo en persona. La neurociencia ha demostrado que nuestro cerebro funciona de manera diferente cuando hablamos cara a cara.

¿POR QUÉ? **Porque la comunicación en persona es mucho más rica.** No solo escuchamos palabras, sino que también vemos gestos, expresiones y tonos de voz.

Imagina esta situación:

Dices algo y la otra persona primero se sorprende, luego parece molesta, pero después trata de calmarse. Si ves esa reacción en directo, puedes entender mejor lo que está sintiendo y ajustar lo que dices o haces. Podrías preguntarle:

☞ «¿ESTÁS BIEN? ¿HE DICHO ALGO QUE TE HA MOLESTADO?».

Tal vez te responda:

☞ «NO. TRANQUILO, ESTÁ TODO BIEN».

Aunque diga que no pasa nada, su reacción te ha dado información. Puede que solo intente ser amable para que no te preocupes, pero al haber visto su expresión y su lenguaje corporal, comprendes más de lo que dice con palabras.

Toda esa comunicación no verbal se pierde en internet. Son señales invisibles que nos ayudan a conectar con los demás, a entenderlos mejor y a fortalecer la amistad. Por eso, aunque a veces dé pereza, ¡vale la pena quedar en persona!

Uno de los retos más importantes de esta etapa es aprender a relacionarte mejor con los demás: ser más empático, amable y saber manejar conflictos. La única forma de conseguirlo es con la práctica, en situaciones reales, no a través de simulaciones ni pantallas.

Nos hicieron creer que cuantas más conexiones tuviéramos, mejor. Nos prometieron que tener dos mil «amigos» en redes sociales sería bueno para nosotros. Pero ahora sabemos que la amistad necesita tiempo y que los amigos deben ser pocos, pero buenos.

En vez de dedicar tiempo a las amistades reales, muchas personas lo gastan buscando amigos entre miles de contactos en internet. Pero los verdaderos amigos no se encuentran por cantidad, sino por calidad. Los mejores amigos son aquellos con los que más cosas has compartido.

Este problema afecta especialmente a quienes tienen más dificultades para hacer amigos. Si las pantallas nos quitan oportunidades de relacionarnos a todos, imagina cómo eso afecta a los niños y adolescentes más tímidos.

Por ejemplo, piensa en alguien que le tiene miedo a socializar. Si evita a los demás, tendrá menos oportunidades de practicar sus habilidades sociales y de hacer amigos. **Sabemos que el miedo no desaparece solo; hay que afrontarlo para superarlo.**

Si, en lugar de ayudarle a salir de su zona de confort, le damos una pantalla para que haga conexiones superficiales, no le estamos ayudando. Al contrario, le estamos impidiendo que enfrente sus miedos y crezca. En vez de resolver el problema, solo estamos tapando sus efectos.

La amistad no se construye con números en una pantalla, sino con tiempo compartido, experiencias y vínculos reales.

Imagina a un adolescente que ha tenido que dejar su país y a todos sus amigos. Ahora está a más de 7.000 km de distancia, en un lugar nuevo, con un idioma y una cultura diferentes. Se siente triste porque ha perdido su vida anterior y tiene que empezar de cero: **hacer nuevos amigos, adaptarse a su nueva realidad y encontrar su lugar.**

¿Qué pasaría si, en lugar de ayudarle a afrontar este reto, le animamos a mantenerse conectado con sus antiguos amigos todos los días? ¿Y si, para hablar con ellos, tiene que quedarse despierto hasta la madrugada, perdiendo horas de sueño? Si mantenemos a esta persona siempre conectada con sus antiguos amigos, en realidad podríamos estar dificultando su adaptación. Sentirá que no necesita hacer nuevos amigos porque ya tiene a los de antes. Pero sin encuentros reales, esas relaciones acabarán debilitándose poco a poco. Si, en cambio, hablara con ellos solo una o dos veces al mes, en un rato breve durante el fin de semana, podría ponerse al día con ellos sin que eso afectara su nueva vida. ASÍ, SEGUIRÍA CONECTADO CON SU PASADO, PERO SIN IMPEDIRLE AVANZAR HACIA EL FUTURO.

Los expertos en amistad explican que, aunque intentemos mantener una relación a distancia, con el tiempo es inevitable que haya cierto enfriamiento. La presencia y el contacto real son fundamentales para que una amistad siga viva.

Esto no significa que perderemos para siempre a los amigos que dejamos atrás, pero sí que, para seguir construyendo amistades, necesitamos estar presentes, compartir momentos reales y abrirnos a nuevas relaciones.

NO SE TRATA DE OLVIDAR A LOS AMIGOS QUE SE HAN IDO, SINO DE DAR ESPACIO PARA QUE NUEVAS AMISTADES PUEDAN CRECER.

¿QUÉ DICE LA CIENCIA?

Las investigaciones de Robin Dunbar han demostrado que, cuando pasamos menos tiempo en contacto real con amigos, se reducen nuestras posibilidades de mantener vínculos fuertes. Además, estudios como el de *Preventive Medicine Reports* (2018) muestran que el uso excesivo de pantallas puede incrementar la sensación de soledad en adolescentes. Cuanta más conexión virtual, menos contacto presencial, lo que a veces causa un sentimiento de aislamiento más profundo.

Hoy sabemos que la «conexión» se ha convertido en el mayor enemigo de la verdadera amistad. Las pantallas, que parecían la solución, han provocado que más jóvenes que nunca se sientan solos.

Las relaciones con los demás no son un problema, sino un reto. Y como todo reto, requieren esfuerzo, pero vale la pena. **Fuera de la familia, no hay nada más valioso que la amistad.**

- Para superar este reto, necesitamos oportunidades para enfrentarlo, practicarlo y aprender de los errores.
- Si todo fuera demasiado fácil, no tendría el mismo valor.
- Aprender a relacionarnos con los demás no es algo que se pueda explicar, sino que hay que experimentarlo.

Cuando eliminamos la comunicación cara a cara y dejamos que una simple pantalla nos sirva de refugio, nos estamos privando de esas oportunidades. La verdadera amistad no es una cuestión de cantidad, sino de calidad.

Y LA CALIDAD SOLO SE CONSIGUE CON TIEMPO, ESFUERZO Y EXPERIENCIAS COMPARTIDAS.

RESUMEN DEL CAPÍTULO

- Tener **miles de conexiones** virtuales no significa tener amigos de verdad.
- La **amistad real** requiere tiempo de calidad y contacto personal.
- Las personas más tímidas o que acaban de cambiar de entorno necesitan, más que nadie, **oportunidades reales** para practicar sus habilidades sociales.
- Afrontar el reto de comunicarnos cara a cara nos ayuda a crecer y a vivir experiencias más ricas y sinceras.

EJERCICIO PRÁCTICO

1 Revisa tu semana

- ¿Cuántas horas pasas con el móvil, la consola o el ordenador cada día? ____________

- ¿Cuántas horas pasas hablando o jugando en persona con amigos? ____________

2 Reflexiona

- Primero de todo, pregúntate: ¿qué estaría haciendo si no estuviera delante de una pantalla?

- Piensa en las actividades que estarías haciendo durante ese tiempo. Aunque no te lo parezca, son mucho más saludables para ti y te permitirán hacer amigos de verdad. ¿Quieres cambiar esos tiempos?

- Piensa en alguna actividad que te resulte interesante (deporte, arte, música...). ¿Podrías apuntarte a un grupo o taller para conocer gente cara a cara?

3 Plan de acción

- Intenta reducir un poco el tiempo delante de la pantalla y aumentarlo con amigos en persona.
- Si te cuesta reducir el tiempo que pasas delante de la pantalla, ¡tranquilo! Díselo a tus padres y te ayudarán.

5

Grupos de amigos

Los grupos permiten que surjan amistades nuevas y que se fortalezcan las ya existentes. Muchas de las grandes amistades han nacido dentro de grupos, ya sean equipos de deporte, clases, actividades o simplemente amigos que se reúnen en el parque.

Los grupos son especialmente útiles para quienes son más tímidos, porque pueden interactuar con más seguridad e iniciar conversaciones en grupos pequeños dentro del grupo mayor. Además, **ofrecen muchas oportunidades para aprender a resolver conflictos y mejorar las habilidades sociales**.

Un grupo de amigos nunca es solo un grupo grande. Siempre está formado por grupos más pequeños. Por ejemplo, un grupo de veinte amigos, en realidad, tiene dentro varios grupos de tres o cuatro personas que pasan más tiempo juntas. Incluso en un grupo de solo cinco personas, es normal que dos sean más cercanas entre sí.

Eso sí, los grupos son más complejos que una amistad entre dos. Por ejemplo, en un grupo de tres personas, la dinámica ya es distinta, porque puede haber cambios en la relación cuando llega alguien nuevo. Esto hace que la amistad en grupo sea más difícil, pero también más rica y emocionante.

En general, los momentos más difíciles en los grupos suelen darse en dos situaciones: cuando intentamos entrar en uno y cuando hay que gestionar los liderazgos dentro de él.

Incorporación a los grupos

Al unirte a un grupo de amigos por primera vez, es normal sentirte como un «acoplado». Puede ser incómodo al principio, pero es solo una fase. Recuerda: la amistad necesita tiempo, y también la pertenencia a un grupo.

- **¿Por qué te sientes fuera de lugar?**

Los demás llevan mucho tiempo juntos. Han compartido momentos, se han reído, han discutido y han hecho las paces. Es normal que tengan historias comunes que repiten una y otra vez, como esas anécdotas familiares en las cenas de Navidad.

- **¿Cómo se entra en un grupo?**

Es un poco como ser invitado a un club. Al principio, los miembros de siempre tienen más confianza y ciertos «privilegios», pero si sigues acudiendo y compartiendo momentos, poco a poco te conviertes en parte del grupo.

Regla de oro: los grupos de amigos de verdad no ponen pruebas ni exigen nada para aceptarte. Si te hacen pasar «rituales» o te fuerzan a hacer algo, sal de ahí.

¿Y si alguien bromea con que eres un «acoplado»?

En los grupos grandes, la gente a veces se comporta diferente a como lo haría cara a cara. Puede que alguien haga un comentario como «Míralo, ya se ha acoplado». ¡No te lo tomes a pecho!

Algunas personas creen que es divertido decir lo obvio. Y sí, si acabas de llegar, técnicamente te estás acoplando..., igual que lo hicieron ellos cuando entraron.

La clave está en no darle importancia. No significa que el grupo te quiera echar. Si te quedas, estás enviando un mensaje claro:

«Me gusta este grupo, quiero compartir tiempo con vosotros, incluso si no sois perfectos. Y también sé reírme de algunas bromas».

Con el tiempo, cuando hayas compartido suficientes momentos, dejarás de ser «el nuevo» y serás parte del grupo. ¡Solo es cuestión de paciencia y tiempo!

¿QUÉ DICE LA CIENCIA?

Estudios sobre interacción social (1987) señalan que pertenecer a un grupo estable de compañeros estimula la confianza, mejora la autoestima y reduce la sensación de aislamiento en la adolescencia. Otro estudio (2003) demuestra que también disminuye los niveles de depresión. Además, otros trabajos científicos (1980) confirman que, al tener un entorno grupal donde practicar la sociabilidad, desarrollamos habilidades para resolver conflictos y comunicarnos mejor.

Los grupos de amigos no tienen requisitos fijos para entrar. No necesitas ser el más simpático, el más divertido o el que mejor cae. Lo único realmente importante es compartir tiempo con ellos.

Los grupos ya funcionaban antes de que llegaras, y tu incorporación solo sumará más variedad y experiencias. Dicho esto, todos los grupos tienen ciertas normas, aunque muchas de ellas no están escritas ni pueden explicarlas con claridad. Simplemente, las siguen sin darse cuenta.

Para encajar bien en un grupo **es importante ser amable y prudente** al principio, hasta que vayas entendiendo esas normas. Una vez que las descubras, podrás participar con más confianza e incluso ayudar a que algunas se adapten o cambien un poco con tu presencia.

Pero hay algo aún más importante: **esas normas no solo te sirven para integrarte, sino también para descubrir si ese grupo es adecuado para ti**. No se trata solo de que el grupo te acepte, sino de que tú te sientas cómodo en él.

Así que presta atención a cómo funciona el grupo. Antes de preocuparte por si les gustas, pregúntate si ellos te gustan a ti.

La buena noticia: si perseveras y vas pasando tiempo con ellos, te irás INTEGRANDO. Los grupos de amigos no suelen exigir «pruebas de acceso», aparte de la constancia de estar y aportar buena actitud.

Consejo: si durante esa etapa alguien hace una broma un poco pesada, no interpretes enseguida que quieren echarte. Muchos grupos tienen su «graciosillo» que expresa lo obvio (que eres nuevo) de forma poco amable. Trátalo con paciencia y sigue ahí.

Liderazgo de los grupos

Una vez que formas parte de un grupo, entra en acción algo llamado la «dinámica de grupo»: cómo funcionan e interactúan los integrantes del grupo según sus caracteres. Lo que hay que saber en este ámbito es sencillo: los grupos son democráticos, siempre gana la mayoría, pero puede pasar que en un grupo haya alguna persona que siempre mande o quiera mandar.

¡QUÉ CURIOSO!

¿Sabías que los delfines también forman grupos muy unidos, llamados «manadas»? Colaboran entre ellos cuando uno está herido o enfermo, y a menudo muestran comportamientos de «amistad» (como acariciarse con sus aletas o jugar en conjunto). Aunque no sea idéntico a nuestras relaciones, demuestra que la vida en grupo puede beneficiar a muchas especies que colaboran y se cuidan mutuamente.

Recuerda: en los grupos «gana» la mayoría. Es decir, si alguien consigue que la mayoría apoye sus planes, esa persona se convierte, de forma natural, en la voz principal.

Y, sobre todo, ¡no desesperes! Aunque no seas «líder» oficial, puedes influir proponiendo ideas y buscando aliados. Si no consigues apoyo suficiente, no significa que el grupo no te valore. Hay personas que simplemente prefieren no elegir y se dejan llevar por lo que proponga otro.

RESUMEN DEL CAPÍTULO

- ✗ Los grupos de amigos ofrecen oportunidades para que nazcan amistades más cercanas.
- ✗ Cuantos más miembros haya, mayor es la complejidad, pero también la riqueza de experiencias.
- ✗ Dificultades comunes:
    1. Incorporación a un grupo cuando todos se conocen desde hace tiempo.
    2. Competencias de liderazgo en las que suele ganar quien consigue el apoyo de la mayoría.
- ✗ Un grupo no pone pruebas escritas para integrarte, pero sí «pide» que compartas tiempo, seas amable y encajes con sus normas no escritas.
- ✗ Ten paciencia y no olvides que también tienes derecho a decidir si el grupo es apropiado para ti.

EJERCICIO PRÁCTICO

1 Identifica tus grupos

Piensa en dos o tres grupos en los que participes (equipo de fútbol, compañeros de clase, gente con la que sueles quedar...) y escribe en una frase cómo te integraste en cada uno y qué dificultades o ventajas percibes.

2 Observa la dinámica

- ¿Hay alguien que siempre propone los planes? ¿Te gustaría participar más?

- ¿Tienes la sensación de que todos se sienten escuchados o hay alguno que se queda al margen?

3 Reflexiona

- Si te sientes un poco «acoplado» en un grupo, ¿qué podrías hacer para integrarte mejor?

- Si notas que alguien más lo pasa mal al incorporarse, ¿podrías hacer algo para ayudarle a sentirse bien recibido?

PARTE
2

¿CÓMO PUEDO MEJORAR MIS RELACIONES?

6

La ayuda entre amigos y compañeros

La amistad no solo consiste en desear lo mejor al otro, sino también en estar ahí cuando necesita ayuda. Pero ayudar no siempre es fácil, porque hay algo curioso: **a veces es más difícil aceptar ayuda que darla**.

Seguro que alguna vez te has preguntado por qué a algunas personas, o incluso a ti mismo, les cuesta tanto pedir ayuda. En ocasiones lo hacen de forma indirecta, o incluso rechazan la ayuda cuando se les ofrece.

Esto tiene que ver con una pregunta importante que todos nos hacemos al crecer: ¿soy capaz de hacer las cosas por mí mismo? Desde que somos pequeños, intentamos demostrar que podemos hacer las cosas solos.

¿Te acuerdas cuando querías ponerte los zapatos sin ayuda, aunque tardaras más? ¿O cuando insistías en comer con la cuchara tú solo, aunque lo pusieras todo perdido?

De pequeños, entendemos que para aprender algo hay que intentarlo muchas veces. No nos gusta equivocarnos, pero eso no nos detiene. De hecho, cuando un adulto nos ayuda, a veces nos enfadamos porque sentimos que nos están quitando la oportunidad de intentarlo.

Es como si un niño pequeño le dijera a su padre: «Sé que no lo hago bien, pero déjame intentarlo, algún día lo conseguiré».

Cuando ofreces ayuda a alguien, el mensaje que quieres dar es: «Te ayudo porque me importas». Pero a veces la otra persona puede sentir algo diferente: «Te ayudo porque no puedes hacerlo solo». Por eso lo más importante es saber cómo ayudar bien.

¿QUÉ DICE LA CIENCIA?

Un trabajo con estudiantes migrantes en Yakarta (2020) encontró que aquellos con un mayor nivel de apoyo social de sus compañeros mostraban más resiliencia académica. La investigación concluyó que el respaldo de los amigos ayuda a los jóvenes a superar los desafíos de la adaptación a un nuevo entorno.

Claves para ofrecer ayuda

Ya hemos visto que la amistad no es solo querer el bien del otro, sino también ofrecer ayuda cuando la necesita. Pero ayudar no siempre es fácil. Para hacerlo bien, hay que recordar dos cosas:

1. Cuando ofreces ayuda, el mensaje más importante que transmites es «me importas».
2. Pero al mismo tiempo la otra persona puede sentirlo como «no puedes hacerlo solo», y eso puede hacer que rechace la ayuda.

Además de esto, hay otras ideas importantes a la hora de ayudar.

Solo el hecho de tener amigos ya es una gran ayuda. Poder hablar con alguien, compartir buenos momentos y saber que hay personas que te aprecian hace que todo sea más fácil.

Muchas veces, cuando un amigo nos cuenta un problema, lo que más necesita no es que le demos una solución, sino simplemente que lo escuchemos, y puede ser que en ocasiones no podamos ayudar de forma práctica. En algunos momentos, el simple hecho de contar lo que nos preocupa nos ayuda a entender mejor la situación. Escuchar, acompañar y demostrar interés ya es una gran forma de ayudar.

Si un amigo te cuenta algo serio, hay un plan de acción muy sencillo que puedes seguir:

- CONOCER → Escucha con atención para entender lo que le preocupa.
- ACOMPAÑAR → Quédate a su lado, apóyale, hazle sentir que no está solo.
- INFORMAR → Si el problema es grave, hay que avisar a alguien que pueda ayudar de verdad, como un adulto de confianza.

Muy importante: no podemos guardar un secreto en situaciones graves. Si un amigo está en apuros, hay que contárselo a alguien que pueda ayudar. Puede ser otro amigo, pero lo mejor es avisar a un adulto, ya sea un profesor o alguien de la familia.

Cuando un amigo nos cuenta un problema, nosotros también nos involucramos emocionalmente en ello. Nos preocupamos por él, sentimos su angustia y nos gustaría ayudarle lo mejor posible. Pero ayudar no significa resolverle todo lo que le ocurra, sino acompañarlo en el proceso.

¿Cómo ofrecer ayuda sin imponer soluciones?

❌ **Error común:** cuando alguien nos cuenta un problema, a veces disparamos soluciones sin pensar. Pero lo mejor es hacer preguntas antes de sugerir algo.

✔ **Estrategia correcta:**

- «Vaya... Qué difícil que es lo que me cuentas. ¿Qué vas a hacer? ¿Qué has pensado?».
- Si tiene ideas parecidas a las tuyas: «Sí, yo he pensado lo mismo, creo que es lo mejor».
- Si no tiene idea de qué hacer: «Si yo estuviera en tu lugar, intentaría...».

Dejar que la otra persona participe en su propia solución es clave.

¿Cómo podemos ayudar de verdad?

- Preguntar: «¿Cómo te puedo ayudar?».
- Asegurarnos de que podemos hacer lo que nos pide antes de comprometernos.
- No minimizar sus sentimientos, pero tampoco dejar que se hunda en la desesperanza.
- Defender a nuestro amigo de sus propios pensamientos negativos.

Cuando estamos mal, es fácil ser muy duros con nosotros mismos. Si nuestro amigo empieza a decir cosas como:

❌ «Soy un desastre, siempre la lío».

Podemos responderle con algo como:

✔ «Todos nos equivocamos, lo importante es ver cómo podemos solucionarlo».

Si dice:

❌ «No me va a perdonar nunca, y con razón».

Podemos animarlo con:

✔ «Dale tiempo, seguro que, si le explicas lo que sientes, podrá entenderlo».

Conclusión: la mejor ayuda no es dar respuestas, sino acompañar y dar apoyo real.

¡QUÉ CURIOSO!

¿Sabías que la palabra «compañero» viene del latín *cum panis*, que significa «con quien compartes el pan»? Esto muestra lo importante que es la idea de ayudarse mutuamente, incluso en el origen de las palabras que utilizamos para describir la relación con los demás.

Recibir ayuda

Recibir ayuda no siempre es fácil. A la mayoría nos gusta más ayudar que ser ayudados, porque cuando ayudamos nos sentimos bien y parece que todo está bajo control. Pero todos, en algún momento, podemos necesitar que nos echen una mano.

Es importante recordar que aceptar ayuda no significa que no puedas hacer las cosas por ti mismo. No es una señal de debilidad, sino una muestra de que alguien se preocupa por ti, ya sea un amigo o incluso un desconocido que te ve en apuros.

Si alguien te ofrece ayuda, agradécelo, aunque no la necesites. Siempre puedes decir que no de manera amable. **Lo mismo al revés: si ves que alguien necesita ayuda, ofrécela sin miedo. Nunca está de más, y puede implicar una gran diferencia para la otra persona.**

A veces, ayudar a un amigo no es solo un momento puntual, sino algo que requiere más tiempo y paciencia. Aunque puede ser bonito ayudar a alguien que nos importa, también puede ser estresante. No siempre podremos solucionar su problema, pero estar ahí seguro que hará que se sienta menos solo.

Por ejemplo, si un amigo está triste por una ruptura o una pérdida, no podemos hacer que el dolor desaparezca de inmediato. Pero sí podemos acompañarlo, estar con él y recordarle que su vida sigue teniendo cosas buenas, como la amistad.

Cuando alguien está pasando por un mal momento, es normal que prefiera estar solo y que piense cosas como: «No quiero amargarles el día a mis amigos; cuando me sienta mejor, saldré con ellos».

Si tú eres quien está triste, seguramente seguirás recibiendo propuestas de tus amigos para quedar, aunque no tengas ganas. No tienes que aceptar siempre, pero es bueno saber que te siguen invitando porque les importas.

Y si es al revés, si tienes un amigo que no está bien, sigue invitándole de vez en cuando, sin insistir demasiado, pero sin olvidarte de él. No como un ultimátum, sino como una forma de recordarle que estás ahí.

Y si un amigo está bien y rechaza varias veces tus planes, es mejor dejar de insistir. Pero si un amigo está pasando un mal momento, sigue ofreciéndole tu compañía hasta que se sienta mejor.

Eso es lo que hacen los verdaderos amigos. Y cuando te toque a ti estar en esa situación, seguro que ellos harán lo mismo por ti

Aceptar que te ayuden

Lo que esperas de tus amigos es lo mismo que ellos esperan de ti: **estar ahí cuando hace falta**. La amistad no se trata solo de pasar buenos momentos juntos, sino también de saber cuándo alguien necesita apoyo, incluso si no lo dice.

Pedir ayuda es difícil. Muchas veces, cuando alguien está mal, dice «estoy bien», aunque se note que no es verdad. Si conoces bien a tu amigo, te darás cuenta. En esos momentos, lo más importante no son las palabras, sino los hechos:

- ✔ PASAR MÁS TIEMPO CON ÉL.
- ✔ MOSTRAR INTERÉS EN CÓMO SE SIENTE.
- ✔ HACERLE SABER QUE NO ESTÁ SOLO.

Cuando eres tú quien necesita ayuda...

Tus amigos se preocupan por ti, igual que tú por ellos. Si alguna vez no te sientes bien, deja que se acerquen. No hace falta que les digas «estoy bien» si no lo estás, pero puedes decir «estoy un poco mejor». No significa que todo haya pasado, pero muestra que sigues adelante y les da esperanza.

- ¿Qué pasa si un amigo le pide ayuda a un adulto por ti?

Si alguna vez un amigo ha hablado con un adulto porque estaba preocupado por ti, no es una traición. A veces, la amistad no es solo hacer lo que el otro quiere, sino lo que es mejor para él.

- Tú decides cómo te pueden ayudar.

Excepto si es algo que te pone en peligro, tienes derecho a decidir qué tipo de ayuda necesitas:

✔ QUE SOLO TE ESCUCHEN SIN DAR CONSEJOS.

✔ QUE TE ACOMPAÑEN SIN HABLAR DEL TEMA.

✔ QUE NO HAGAN NADA EN ESE MOMENTO, PERO SEPAN QUE LO ESTÁS PASANDO MAL.

Los adultos también tienen que aprender a ayudar

A veces, los padres y profesores quieren ayudar tanto que se pasan de la raya. Actúan demasiado rápido y sin preguntar cómo te sientes con su ayuda. Esto puede provocar que en otra ocasión no quieras pedir ayuda.

Si crees que tus padres no entienden esto, puedes leer este fragmento del libro con ellos.

Por ejemplo, cuando dos amigos discuten, seguramente terminarán solucionándolo solos. Pero los adultos, si se han metido en la pelea, seguirán enfadados entre sí. Es importante dar espacio para que los niños resuelvan sus problemas sin que los adultos intervengan demasiado rápido.

Cuando alguien te dice «ánimo», no significa que espere que te sientas bien enseguida. Lo hace porque quiere verte mejor, pero todo el mundo sabe que algunas situaciones necesitan tiempo.

Si pasa mucho tiempo y sigues sintiéndote mal, es buena idea hablar con alguien más, como un profesor, el psicólogo del colegio o tus padres. A veces, pedir ayuda a un profesional puede ser el mejor paso para sentirte mejor.

- **Ofrecer ayuda** comunica «me importas», pero también puede hacer sentir al otro que dudamos de su capacidad. Por eso, hay que hacerlo con tacto.
- A veces, **escuchar** con atención es la mejor ayuda de todas.
- **No siempre** podremos solucionar los problemas de un amigo, pero nuestra presencia y nuestro acompañamiento le aliviarán la carga.
- **Recibir ayuda** puede ser más complicado de lo que parece. Aun así, todos podemos necesitarla en algún momento, sin que eso ponga en duda nuestra autonomía.
- Si la situación es muy grave, **habla** con un adulto de confianza.
- Los **padres** o tutores deben entender que la ayuda excesiva o descontrolada puede empeorar la situación o hacer que un joven no quiera volver a pedir ayuda.

EJERCICIO PRÁCTICO

1 ¿Cómo ayudas tú?

Piensa en tres ocasiones en las que hayas ofrecido ayuda a alguien. ¿Cómo lo hiciste? ¿Fue bien recibida?

---

2 ¿Cómo recibes ayuda?

Recuerda un momento en el que alguien te ayudó. ¿Cómo te sentiste? ¿Te costó aceptarla? ¿Por qué?

---

3 Plan de acción

- Imagina que un amigo te cuenta un problema complicado. Escribe el problema aquí y alguna pregunta que le harías para entenderlo mejor y saber cómo puedes ayudarle.

- Añade también el modo en que informarías a un adulto, si consideras que la situación lo requiere.

7

Lealtad y amor (propio)

Hemos visto que la amistad está muy ligada a la lealtad y al amor. Estas dos cosas explican por qué la amistad nos hace sentir bien.

Pero la amistad no es incondicional. No podemos ser amigos de alguien que nos trata mal o que nos hace daño. Para que una amistad funcione, hay que cuidarla. Y una de las mejores formas de hacerlo es siendo leales.

¿Qué significa ser leal a un amigo?

No es solo estar ahí para nuestros amigos. Es tratarlos bien, defenderlos y apoyarlos. Y también, debemos ser amables con los amigos de nuestros amigos.

¿Por qué? Porque cuando hacemos daño al amigo de un amigo, en realidad también estamos haciéndole daño a él. Y si queremos cuidar nuestra amistad, debemos cuidar a las personas que le importan a nuestro amigo.

Cuidar a los demás empieza por cuidarte a ti mismo

Aquí viene una idea muy importante: **el mejor amigo de mi mejor amigo soy yo mismo**. Si mi mejor amigo me quiere y se preocupa por mí, ¿qué crees que siente cuando me insulto o me trato mal? Exacto, le duele, igual que me dolería a mí si alguien lo insultara a él.

A veces nos pasa algo curioso: permitimos que nos falten el respeto, pero no dejamos que hagan lo mismo con nuestros amigos. Sin embargo, si nosotros nos hablamos mal a nosotros mismos, nuestros amigos también sufren, porque nos quieren y quieren vernos bien.

Lo mismo ocurre en el otro sentido: si quieres hacer feliz a tu amigo, trata bien a sus amigos. Si ve que los respetas y los haces sentir bien, él también estará contento.

El mensaje es claro: tienes que tratarte bien a ti mismo, igual que tratas bien a tus amigos. Eso significa respetarte, no machacarte, no insultarte ni recordarte solo lo que haces mal. Ser leal con tus amigos también es ser leal contigo mismo.

Además, cuanto mejor te trates a ti mismo, más fácil te será quererte. Ocurre lo mismo que con la amistad: cuanto más tiempo compartes con alguien y mejor te trata, más lo quieres. Si aprendes a tratarte con respeto y paciencia, con el tiempo te querrás más y mejor.

Así que recuerda: ser un buen amigo empieza por ser un buen amigo de ti mismo.

¿QUÉ DICE LA CIENCIA?

Un estudio de 2023 señala que las amistades equilibradas, donde se cuida la lealtad y el respeto mutuos, fomentan la autoestima y la confianza en uno mismo. Otro estudio longitudinal de 2016 encontró que la calidad de la amistad actúa como mediador entre la prosocialidad y la autoestima, lo que sugiere que mantener amistades de apoyo y confianza favorece la autoimagen positiva y el sentido de valor personal.

Cuando nos tratamos bien, estamos siendo leales a nuestros amigos. Ellos nos apreciarán más porque a todos nos gusta que cuiden a las personas que queremos. Pero, además, también nos querremos más a nosotros mismos.

Ser amables con nosotros mismos significa respetarnos, no ser demasiado duros ni exigentes, y no criticarnos sin motivo. En otras palabras, tratarnos igual que tratamos a nuestros amigos. Parece fácil, pero no siempre lo es. Sin embargo, pocas cosas valen tanto la pena.

A la hora de tomar decisiones, debemos valorar lo siguiente:

- EL OBJETIVO QUE QUEREMOS CONSEGUIR
  → ¿Qué queremos cambiar o lograr en esta situación?
- NUESTRA RELACIÓN CON LOS DEMÁS
  → ¿Cómo queremos que se sienta la otra persona después de hablar con nosotros?
- NUESTRO PROPIO RESPETO
  → ¿Cómo queremos sentirnos después de esa conversación?

Estos tres aspectos están conectados. Si cuidamos nuestro autorrespeto, también estaremos cuidando la amistad. Y si priorizamos la relación con nuestro amigo, su autorrespeto también se mantendrá fuerte.

Por eso, antes de tomar una decisión, pregúntate: ¿cómo quiero que se sienta la otra persona después de hablar conmigo?

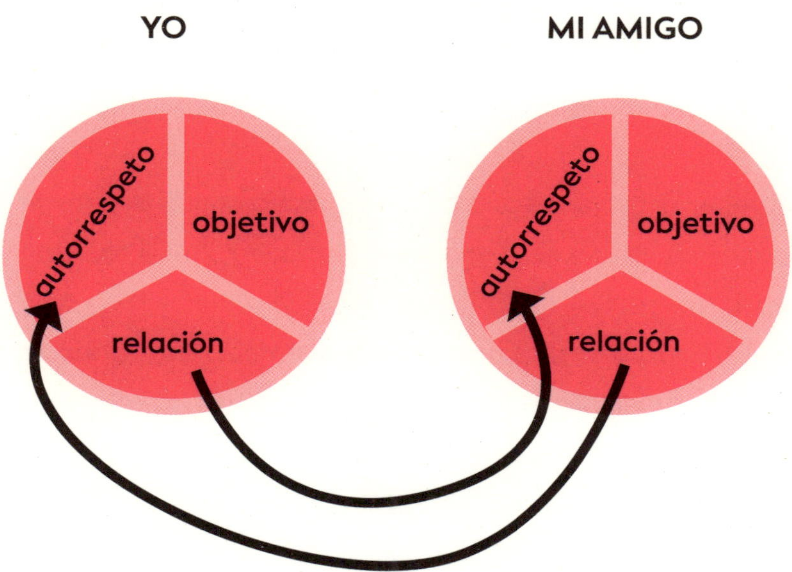

Veamos algunas de las claves y estrategias para cuidar cada una de las prioridades:

1 Prioridad en el objetivo

Cuando hablamos con alguien, a veces tenemos un objetivo claro:

- Queremos que acepte nuestra idea o propuesta.
- Queremos decir que no a algo que no nos parece bien.

- Queremos resolver un problema con alguien.

Para lograrlo, hay que ser claros y directos. **Es importante explicar bien la situación, decir cómo nos sentimos y pedir lo que queremos de forma sencilla.** Pero también hay que escuchar a la otra persona, entender su punto de vista y estar abiertos a encontrar una solución en la que ambos cedamos un poco.

En una conversación donde queremos algo, podemos aumentar las posibilidades de conseguirlo, pero nunca tenemos la garantía de que suceda.

¿QUÉ PASA SI SOLO PENSAMOS EN NUESTRO OBJETIVO?

Si nos centramos solo en lo que queremos, sin explicarlo bien ni preocuparnos por la otra persona, podemos parecer egoístas o caprichosos. Nadie quiere estar con alguien que solo piensa en sí mismo.

Por otro lado, si siempre dejamos que los demás se salgan con la suya y nunca defendemos lo que queremos, podemos parecer inseguros o poco interesantes. Es importante respetarnos a nosotros mismos y no renunciar siempre a nuestras ideas.

Tampoco debemos imponer siempre nuestra opinión

ni dejar que los demás lo decidan todo por nosotros. Saber defender lo que queremos y, al mismo tiempo, ser flexibles con los demás es la mejor manera de comunicarnos bien y mantener buenas amistades.

2 Prioridad en la relación

Cuando hablamos con alguien y discrepamos, o debemos decirle que no a algo, es importante pensar en cómo se sentirá tras la conversación. Esto también es clave cuando queremos resolver un problema con un amigo.

Para cuidar la relación, hay que recordar dos cosas fundamentales: **ser amables y ser sinceros**. Si explicamos bien nuestro punto de vista, solo nos queda mantener un trato respetuoso y cordial. A veces, podemos ceder un poco en algunas cosas, pero también es importante saber cuándo debemos mantenernos firmes.

Algunas personas creen que para cuidar una amistad hay que darlo todo por el otro y aceptar siempre lo que quiere. Pero esto es un gran error.

Si siempre dices que sí o si nunca defiendes lo que quieres, en realidad no estás siendo un amigo de verdad. A los amigos no solo se les quiere, también se les respeta. Y si nunca defiendes tus ideas o tus intereses, el otro no te verá como a alguien fuerte ni digno de confianza.

Por otro lado, si alguien lo da todo por un amigo, esperando que el otro haga lo mismo, casi nunca funciona. En lugar de hacer que la amistad sea más fuerte, muchas veces acaba desgastándola. Si ya lo has dado todo, el otro siente que no queda nada más que esperar de ti.

Por eso, la amistad no es darlo todo sin medida, sino saber compartir y respetarse mutuamente. Y eso significa que, a veces, también hay que decir «no» y defender lo que uno piensa.

¡QUÉ CURIOSO!

La palabra «lealtad» viene del latín *legalitas*, que significa «respeto a la ley». Se relaciona con seguir los compromisos y actuar con coherencia para con los demás. En la amistad, la «ley» no está escrita, pero sí es clara: proteger y cuidar a quienes queremos.

3 Prioridad del autorrespeto

A veces, cuando tenemos una opinión diferente o no queremos hacer algo que no nos parece bien, sentimos la necesidad de disculparnos. Pero no hay que pedir perdón por nuestros sentimientos, ni por pensar diferente ni por querer algo que consideramos justo.

Hay cosas que no se pueden pedir como un favor, y una de ellas son los sentimientos. **No puedes pedir a alguien que sienta algo que no siente.**

Estar triste o sentirse solo no significa que no tengas dignidad. No hay nada malo en expresar cómo te sientes, pero sé siempre honesto.

Si crees que algo es justo, defiéndelo. Antes de hacerlo, intenta ponerte en el lugar del otro y entender su punto de vista, pero si sigues creyendo que tienes razón, no cedas solo por quedar bien.

Sobre todo, recuerda:

- No exageres ni te hagas la víctima para intentar que te den la razón.
- No seas demasiado duro contigo mismo, pero tampoco te dejes llevar.

- Exígete con moderación, gánate el respeto y ayuda a tus amigos a hacerse respetar a sí mismos.

Hemos hablado de muchos conceptos nuevos en este apartado. Algunos no son fáciles de definir, pero todos son importantes para entender las relaciones con los demás.

RESUMEN DEL CAPÍTULO

- La **lealtad** conlleva tratar bien a nuestros amigos y a sus amigos, y evitar hacer daño.
- **Amor propio** y amistad se refuerzan mutuamente: cuidarnos a nosotros mismos es parte de la lealtad hacia los demás.
- El **triángulo** de prioridades (objetivo, relación y autorrespeto) nos ayuda a negociar y a mantener un equilibrio justo.
- Conceptos relacionados con la **bondad**, la **dignidad**, la sinceridad o la **amabilidad** pueden ser muy útiles para entender mejor nuestras relaciones.

EJERCICIO PRÁCTICO

1 Reflexiona

¿Alguna vez te has sorprendido insultándote o menospreciándote? ¿Cómo crees que se sentiría un buen amigo al escucharte?

---

2 Plan de acción

Piensa en una situación en la que quieres conseguir algo de un amigo (por ejemplo, quedar a cierta hora o que te ayude con un trabajo escolar) y describe cómo cuidarías la relación, sin dejar de respetarte ni de expresar tu objetivo.

---

3 Práctica de lealtad

Demuestra que valoras a un amigo o familiar que creas que está pasando un momento delicado con hechos. Por ejemplo, puedes interesarte por sus aficiones o invitarle a hacer algo divertido.

8

Límites de la confianza y de los secretos

¿Qué significa confiar en un amigo?

- Desearle lo mejor, no solo con palabras, sino con acciones.
- Ser alguien en quien pueda apoyarse cuando lo necesite.
- Saber que, aunque haya errores, la amistad no se rompe fácilmente.

¡Todos nos equivocamos!

Piénsalo un momento... ¿Alguna vez has hecho algo de lo que luego te has arrepentido? Seguro que sí, como todos. En esta etapa de la vida, es normal probar los límites de las normas, cuestionarlas y aprender a respetarlas poco a poco.

Pero lo importante no es evitar los errores, sino aprender de ellos sin perder la confianza en nosotros mismos ni en nuestros amigos.

Recuerda esto:

✔ UN BUEN AMIGO NO ES EL QUE NUNCA SE EQUIVOCA, SINO EL QUE SABE PEDIR PERDÓN Y CORREGIR SUS ERRORES.

✔ LA AMISTAD NO ES PERFECTA, PERO SE FORTALECE CON CADA EXPERIENCIA COMPARTIDA.

✔ SI ALGUNA VEZ TE SIENTES MAL POR ALGO QUE HICISTE, ¡HABLA CON TU AMIGO! LA MAYORÍA DE LOS PROBLEMAS SE SOLUCIONAN CON SINCERIDAD.

Piensa en tu mejor amigo...
¿Cómo sabes que puedes confiar en él?
¿Y él en ti?

¿QUÉ DICE LA CIENCIA?

Estudios publicados en la revista *Child Development* (2001) vieron que la victimización crónica y la inestabilidad en las relaciones con los compañeros pueden predecir aumentos en la soledad y disminuciones en la satisfacción social a lo largo del tiempo. El apoyo adecuado de adultos y la intervención temprana suelen mejorar el clima escolar y las relaciones de amistad.

Sabemos que no somos los padres ni los profesores de nuestros amigos. A veces, nos tocará apoyarlos o guardarles secretos, incluso cuando hagan algo que no está del todo bien. Por ejemplo, si un amigo copia en un examen, no es nuestro papel darle un sermón. Él ya sabe que no debería hacerlo, por eso lo hace a escondidas. No es un buen hábito, pero eso no significa que no pueda ser un buen amigo.

¿Qué cosas pueden considerarse secretos?

Si un amigo nos dice que le gusta alguien, podemos guardar el secreto sin problema. Incluso podemos ayudarle, si nos lo pide. Si está preocupado porque cree que sus padres se van a separar, también podemos respetar su confianza y no contarlo a nadie. Si nos dice lo que piensa de otra persona, ya sea que le cae bien o que desconfía de ella, también es algo que podemos guardar para nosotros. **En general, cuando la información solo afecta a nuestro amigo y a nadie más, guardar el secreto es una opción válida.**

⚠ ¿Cuándo NO debemos guardar un secreto?

Si un amigo está en peligro, entonces no debemos callarnos.

- Si alguien le está haciendo daño o lo está acosando.
- Si nuestro amigo tiene miedo de contar algo porque cree que las cosas pueden ponerse peor.

A veces, quienes maltratan a los demás intentan que sus víctimas sientan miedo de hablar, pero quedarse en silencio solo alarga el problema. **Buscar ayuda no es traicionar a nuestro amigo, sino protegerlo.**

¿Y si hay problemas entre grupos de amigos?

Es normal que no todos se lleven bien, pero lo mejor es evitar que las tensiones crezcan. A veces, los problemas surgen de malentendidos o de la mala relación entre unas pocas personas.

Lo importante es recordar que no hace falta llevarse bien con todo el mundo, pero sí podemos evitar peleas innecesarias. Al final, lo natural es que estemos con quienes nos sentimos cómodos, sin necesidad de crear más conflictos.

¡QUÉ CURIOSO!

La palabra «secreto» viene del latín *secretum*, que a su vez deriva de *secernere* («separar»). Alude a algo que se mantiene separado del conocimiento de los demás. En la antigüedad, la idea de secreto se relacionaba con la protección de la familia y la seguridad del grupo. Hoy, lo entendemos también como algo que no compartimos con todos, pero diferenciando entre lo que es privado y lo que puede ser peligroso ocultar.

Hay situaciones en las que debemos guardar secretos por nuestros amigos, pero en otras hay que hablar.

Si un amigo está metido en un conflicto pero es la víctima, lo apoyaremos. Si se lleva mal con otro grupo, podemos ayudar a que no se agrande el problema.

Pero ¿qué pasa si nuestro amigo es quien está haciendo algo malo?

Por ejemplo:

- Si se burla de otra persona o la acosa.
- Si le roba a un compañero o a otro amigo.

En estos casos, no podemos hacer como si nada. No se trata de ser su padre ni su profesor, pero tampoco podemos dejar que se convierta en una mala persona.

Un amigo que copia en un examen puede seguir siendo un buen amigo, pero alguien que maltrata a los demás, que roba o que es cruel, no lo será.

¿Qué hacer si nuestro amigo está haciendo algo malo?

Lo peor que podemos hacer es taparle la falta o reírle la gracia. Si lo hacemos, le estamos dando permiso para seguir con ese comportamiento.

Si de verdad somos sus amigos, no lo vamos a apoyar en cosas que lo conviertan en una mala persona.

No decir nada en estos casos no es proteger la amistad, sino ponerla en riesgo. Si queremos ayudar de verdad a un amigo, tenemos que hacerle ver que lo que está haciendo no está bien.

Además, si nos quedamos callados ante algo injusto, podemos terminar siendo cómplices de ello sin quererlo. Y eso es algo que también nos afecta a nosotros.

No hay que guardar secretos que puedan hacer daño. Estos no son secretos que debamos guardar, porque no se trata de un problema personal de nuestro amigo, sino de algo que afecta a los demás.

Proteger a un amigo no significa dejar que haga daño a otros. Al contrario, ayudarle significa hacerle entender que debe parar.

SER BUEN AMIGO NO ES APOYAR TODO LO QUE HACE LA OTRA PERSONA. A VECES, SER UN VERDADERO AMIGO SIGNIFICA AYUDARLE A SER MEJOR.

RESUMEN DEL CAPÍTULO

- ✗ Los pequeños secretos de amigos (gustos, preocupaciones familiares, copiar en un examen) no suelen dañar a terceras personas y pueden guardarse.
- ✗ Cuando el secreto pone en peligro la seguridad o la salud de nuestro amigo, debemos romper el silencio e informar a un adulto.
- ✗ Si nuestro amigo acosa, roba o hace daño a otros, no podemos tapar esa conducta. No estaríamos protegiendo a un verdadero amigo, sino fomentando un comportamiento negativo.
- ✗ Los conflictos entre grupos a veces se agravan por malentendidos y rivalidades. Ser leal no implica ocultar injusticias.
- ✗ No somos «policías» de nuestros amigos, pero tampoco debemos permitir que se hagan daño a sí mismos o a los demás.

EJERCICIO PRÁCTICO

1 Piensa en un secreto

¿Has vivido una situación en la que alguien te confió un secreto que no dañaba a nadie? Escribe cómo te sentiste al guardarlo.

2 Clasifica los secretos

Anota dos ejemplos de secretos que no hacen daño a nadie y dos ejemplos de secretos que podrían poner en riesgo a alguien (o a otras personas). Reflexiona sobre lo que harías en cada caso.

9

Entender y gestionar las críticas

Lo más importante en nuestras relaciones con los demás es cómo nos tratamos en persona. Lo que alguien dice sobre nosotros a nuestras espaldas no debería preocuparnos tanto como el trato que recibimos directamente de esa persona.

Es cierto que, a veces, lo que otros dicen de nosotros puede hacernos daño, pero también puede ser útil. Todo depende de cómo lo gestionemos.

Las críticas son una de las cosas que más problemas causan en la infancia y la adolescencia. A veces generan malentendidos y pueden hacer que se rompan amistades.

Esto sucede sobre todo cuando las críticas se hacen a escondidas y luego llegan a oídos de la persona criticada.

Pero las críticas forman parte de las relaciones humanas. En algunos casos, pueden ser incluso necesarias y útiles.

Vamos a ver diferentes funciones de las críticas.

Críticas como información útil

Desde el principio de este libro hemos hablado de que siempre podemos aprender a ser mejores amigos y a disfrutar más de nuestras relaciones. Para eso, **es muy útil saber qué imagen damos a los demás** y cómo nos ven cuando nos relacionamos con ellos.

A veces no somos conscientes de cómo nos perciben los otros, y puede que la impresión que damos no sea la que queremos dar.

Por ejemplo, las personas tímidas suelen mantenerse en silencio y observar desde lejos antes de unirse a un grupo. Esto puede parecer una actitud prudente, pero a veces los demás lo interpretan como desinterés o como que no quieren hacer amigos.

Algunas personas tienen una expresión muy seria o intensa sin darse cuenta. Puede que sean tranquilas y amables, pero su cara puede hacer que los demás piensen que están enfadadas o que no quieren hablar con nadie.

El problema es que, si los demás sienten que alguien los está rechazando, es posible que también respondan con rechazo. Así, una persona que es tímida porque tiene miedo de no encajar, puede terminar justo en la situación que quería evitar.

La fábula del león sediento

La historia de la página siguiente explica bien cómo a veces nuestros miedos pueden hacernos actuar de forma equivocada:

Un león tenía mucha sed y fue a beber agua a un lago. Pero cuando se asomó, vio el reflejo de un gran león y salió corriendo asustado. Como seguía teniendo sed, decidió enfrentarlo. Puso su cara más feroz y mostró los dientes. Al volver a asomarse al agua, vio al león más terrorífico que había visto nunca y volvió a huir. Solo cuando decidió acercarse sin miedo ni agresividad, vio que el león en el agua también tenía un gesto amable. Así pudo beber tranquilo.

Este cuento nos muestra que, en ocasiones, nuestra actitud crea la reacción de los demás. Si nos mostramos demasiado distantes o serios, los otros pueden reaccionar igual.

Diferentes grupos, diferentes reglas

También es importante saber que cada grupo de personas tiene sus propias normas y costumbres.

Por ejemplo:

- En un grupo, algunas bromas pueden ser normales y hacer reír a todos.

- En otro grupo, esas mismas bromas pueden no ser bien recibidas.

Esto pasa cuando cambiamos de colegio, de equipo deportivo o cuando vamos a otro país. No nacemos sabiendo estas diferencias, pero podemos aprenderlas para evitar malentendidos.

Y aquí es donde entran las críticas.

¿Cómo nos ayudan las críticas?

Las críticas nos dan información sobre cómo nos ven los demás. A veces vienen de nuestros amigos, que quieren ayudarnos a mejorar. Otras veces pueden venir de personas que no nos caen bien.

Pero lo importante es que, **aunque las críticas no nos gusten, pueden enseñarnos algo útil**.

Piensa en las agujetas: nadie las disfruta, pero significan que nuestros músculos están creciendo y haciéndose más fuertes.

Lo mismo sucede con las críticas: al principio pueden molestarnos, pero después podemos reflexionar y aprender algo de ellas.

Críticas positivas y negativas

- No todas las críticas son buenas.
- Las críticas constructivas vienen de personas que nos aprecian y nos ayudan a mejorar.
- Las críticas destructivas solo buscan hacernos daño y no tienen ninguna intención de ayudarnos.
- El problema es que ambas pueden hacernos sentir mal al principio. Por eso, antes de enfadarnos, debemos pensar:

☞ ¿Esto que me han dicho puede ayudarme a mejorar?

Si la respuesta es sí, tal vez sea una buena idea escucharlo.

¡QUÉ CURIOSO!

La expresión «la curiosidad mató al gato» proviene del refrán inglés «Curiosity killed the cat». Alude a que el afán de saberlo todo puede ponernos en situaciones desagradables. El dicho original en inglés era «Care killed the cat», que se remonta al siglo XVI. En este contexto, «care» no significaba «cuidado» en el sentido de precaución, sino algo más pareci-

do a «preocupación» o «aflicción». Se utilizaba para decir que el estrés o la angustia excesiva podía ser perjudicial, incluso mortal. En el contexto de la amistad, querer conocer cada palabra que otros han soltado a nuestras espaldas puede causarnos mucho dolor e incluso destruir amistades que se podrían haber salvado.

Críticas como desahogo

A todos nos pasa que, cuando estamos molestos o cansados, necesitamos hablar con alguien para desahogarnos. Y eso no significa que no queramos a nuestros amigos.

Es importante recordar que nadie es perfecto, ni tú ni tus amigos. Y eso es bueno. Porque los amigos no nos quieren por cómo nos vemos, ni por si somos los mejores en algo ni por lo que digan los demás. Nos quieren por cómo los tratamos, por los momentos que hemos compartido y por haber estado ahí cuando nos han necesitado.

Imagina que tienes un amigo llamado Oriol que es muy buena persona, pero que a veces es muy pesado. Tú lo quieres igual, porque no es solo un pesado, sino también divertido y generoso y te ha ayudado cuando te ha hecho falta.

Pero un día, Oriol está más pesado de lo normal y tú acabas harto. Entonces, te encuentras con otro amigo y le dices:

☞ «Hoy Oriol estaba insoportable; me ha dado una tarde, me ha puesto la cabeza como un bombo».

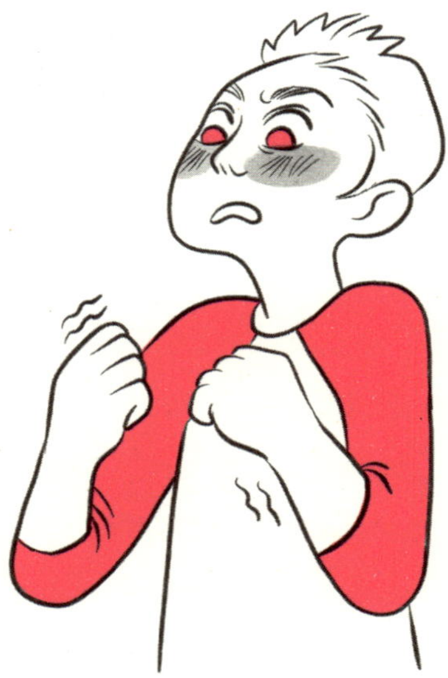

Tu amigo, que ya conoce a Oriol, te escucha y te dice algo como:

☞ «Sí, puede que esté más estresado últimamente. Luego iré a verlo un rato».

¿Ves lo que ha pasado?

- Tú has soltado lo que te molestaba y te has sentido mejor.
- Tu amigo ha escuchado sin juzgar ni meter más leña al fuego.
- Nadie necesita ir a contarle a Oriol lo que dijiste en ese momento de frustración.

¿Por qué?

Porque Oriol ya sabe que a veces es un poco pesado y que no lo dijiste para hacerle daño. Lo importante es que pasaste toda la tarde con él y que, aunque te haya agotado, sigue siendo tu amigo.

Si alguien fuera y le dijera:

☞ «Oye, fulanito dice que eres un pesado».

Eso solo haría daño y no ayudaría en nada.

Algo parecido ocurre cuando dos amigos discuten y se enfadan. A veces, después de una pelea, necesitamos contarle a otro amigo lo que ha pasado para desahogarnos.

Cuando estamos enfadados, decimos cosas que en realidad no pensamos.

Si alguien está muy molesto con un amigo, tal vez no sea el mejor momento para hablar con él directamente. Pero lo que sí puede hacer es hablar con otro amigo que haga de mediador, que escuche a ambos por separado.

El trabajo del mediador no es llevar chismes, sino ayudar a calmar la situación.

Si un amigo se queja de otro y le dice cosas muy duras en su enfado, no es necesario ir corriendo a contárselo todo al otro.

Basta con decir:

☞ «Me he enterado de que os habéis peleado. ¿Quieres hablar?».

Eso ayuda mucho más que decir:

☞ «Pues que sepas que ha dicho que eres un...».

Los amigos a veces discuten, pero lo importante es saber solucionar las cosas sin hacer más daño.

Crítica negativa (destructiva)

Cuando pensamos en una crítica, casi siempre nos imaginamos algo negativo, algo que hace daño. Y es cierto que algunas críticas no tienen otro objetivo que herir a la otra persona.

¿Por qué alguien haría esto? Hay muchas razones:

- **Por cobardía:** hay personas que critican porque no se atreven a enfrentarse a alguien cara a cara. En vez de hablar directamente con la persona, hablan mal de ella a escondidas.
- **Por envidia:** a veces, cuando una persona siente envidia de otra, no sabe cómo manejar ese sentimiento y trata de hacerle daño con palabras.
- **Porque ve a alguien como una amenaza:** en ocasiones, alguien siente que otra persona es mejor en algo o que le está quitando protagonismo. En lugar de aceptarlo o mejorar, se dedica a criticarla.
- **Por maldad:** esta es la peor razón de todas. Hay personas que disfrutan haciendo daño a los más débiles, solo porque saben que no pueden defenderse. Esto no es cobardía, es crueldad.
- **Por costumbre:** algunas personas han aprendido a hablar mal de los demás sin pensar en las conse-

cuencias. A veces lo hacen sin darse cuenta, pero eso no lo hace menos dañino.

¿Por qué es un error hacer críticas destructivas?

Porque, al final, el que más daño se hace es el que critica.

Si criticas a los demás para hacerles daño, puede que al principio te parezca divertido o pienses que no pasa nada. Pero, con el tiempo, la gente te verá como una persona cruel, envidiosa o cobarde. Y eso es mucho peor que cualquier crítica que hayas hecho.

Si alguna vez has criticado a alguien de forma injusta, puedes corregirlo. Todos nos equivocamos, y decir «lo siento» es una gran forma de arreglarlo. Pero si sigues criticando a los demás solo para hacerles daño, los demás acabarán alejándose de ti.

¿Qué puedes hacer?

✔ PIENSA ANTES DE HABLAR: pregúntate si lo que vas a decir ayuda en algo o solo hace daño.

✔ NO TE DEJES LLEVAR POR LA ENVIDIA: si alguien hace algo bien, felicítalo en lugar de criticarlo.

✔ SÉ VALIENTE Y HABLA CARA A CARA: si tienes un problema con alguien, díselo directamente y con respeto.

Recuerda: las palabras que usamos dicen más de nosotros que de la persona a la que van dirigidas. Trata bien a los demás y ellos te tratarán bien.

Cómo manejar las críticas

Las críticas constructivas son aquellas que nos ayudan a mejorar. Normalmente vienen de nuestros amigos o de personas que se preocupan por nosotros. Además, deben decirse de una manera que nos ayude a entender y a mejorar, sin hacernos sentir mal.

Veamos un ejemplo a continuación.

Cómo hacer una crítica constructiva

Imagina que siempre haces bromas a la gente, porque has visto que con tus amigos de siempre te funciona bien. Pero hay una persona nueva que no disfruta tanto con las bromas y le incomodan, aunque le gusten otras cosas de ti.

❌ **El problema:** esta persona no se atreve a decirte que le molestan las bromas, ya sea porque le da vergüenza o porque no quiere que te sientas mal.

✔ **La solución:** que alguien te lo diga de manera amable, para que puedas cambiar un poco tu forma de comportarte con esa persona y mejorar la relación.

¿Cómo puede hacerlo un buen amigo?

Si mi amigo escucha a alguien quejarse de mis bromas en un grupo, podría defenderme sin generar una discusión. Puede decir algo como:

«Bueno, ya sabes cómo es, es buena persona, pero a veces no se da cuenta de que puede molestar. Yo creo que no lo hace a propósito. ¿Le has dicho que te molesta?».

Después, mi amigo podría hablar conmigo en privado y decirme algo así:

«No te tomes esto a mal, ya sabes que nos conocemos desde hace mucho tiempo y que nos reímos mucho con las bromas. Pero recuerda que no todo el mundo es como nosotros, y que cuando hay gente nueva es mejor medir un poco las bromas».

Esto me ayuda, porque me hace pensar en cómo mejorar sin hacerme sentir muy mal.

Cómo NO dar una crítica constructiva

Ahora imagina que, en lugar de decirme esto, mi amigo viene y me dice:

«Fulanito ha dicho que eres un pesado y un graciosillo, y Menganito ha dicho que además eres tonto».

Mi amigo cree que me está ayudando porque me dice «la verdad», pero en realidad me está haciendo un gran daño.

- Ahora no sé cómo mejorar, porque solo me siento mal por lo que han dicho de mí.
- Me genera desconfianza, porque ahora pensaré que la gente me trata bien de cara, pero habla mal de mí a mis espaldas.
- Me impide arreglar la situación, porque ahora yo también estaré molesto con la persona que me criticó.

Lo que era un problema fácil de arreglar (moderar mis bromas) se ha convertido en un problema complicado (alguien me insulta a mis espaldas).

Mi amigo no es una mala persona por hacer esto, pero se ha equivocado en su forma de ayudarme.

¿Qué hemos aprendido?

✔ Las críticas constructivas ayudan a mejorar sin hacer daño.

✔ No es necesario decir todo lo que se escucha, sino lo que ayuda a mejorar.

✔ Un buen amigo sabe cuándo decir algo y cómo decirlo para que realmente sea útil.

Recuerda: decir las cosas con tacto y con el objetivo de ayudar es lo que realmente marca la diferencia. 😊

¿QUÉ DICE LA CIENCIA?

Un estudio en *Journal of Personality* (2005) muestra que los adolescentes que se centran excesivamente en las evaluaciones sociales pueden experimentar mayores niveles de ansiedad y depresión, lo que puede influir en la calidad de sus relaciones interpersonales. Además, la Asociación Americana de Psiquiatría señala que la rumiación, definida como la repetición constante de pensamientos negativos, puede contribuir al desarrollo de ansiedad y depresión, y empeorar condiciones preexistentes.

Cómo afrontar las críticas y los chismes

Si un amigo viene y me dice:

«¿Quieres saber lo que han dicho de ti?», mi respuesta debe ser clara:

«No, no quiero saberlo, no me interesa».

Después, solo hay dos preguntas que realmente importan:

1. ¿Estabas tú delante?

2. ¿Me has defendido?

Si la respuesta a la primera pregunta es «no», entonces ni siquiera vale la pena seguir hablando, porque se trata de lo que alguien dice que alguien dijo, y eso no tiene ningún valor.

Si la respuesta es «sí», entonces solo me interesa saber si mi amigo me ha defendido. Si lo ha hecho, todo está bien. Saber que alguien me apoya es lo único que realmente importa.

Es relevante recordar el dicho: «La curiosidad mató al gato». En las relaciones, esto es clave. Todos nos equivocamos a veces, y las palabras pueden malinterpretarse fácilmente. Por eso, no necesitamos chismes ni rumores, solo consejos útiles de nuestros amigos.

La mejor forma de actuar ante este tipo de críticas es mantener nuestro comportamiento habitual: **ser amables, respetuosos y tratar bien a los demás**.

A la larga, lo que importa no es lo que dicen de nosotros, sino cómo nos comportamos realmente.

- Si alguien nos advierte sobre una persona, al principio podemos estar alerta. Pero si vemos que es amable y buena, dejaremos de lado lo que nos dijeron.
- En cambio, empezaremos a desconfiar de la persona que criticó, porque la gente que habla mal de los demás suele no ser de fiar.

A veces, los que critican lo hacen para causar problemas. Si nos enteramos de que alguien ha hablado mal de nosotros, podemos sentirnos incómodos o actuar diferente. Y eso, sin querer, puede hacer que confirmemos lo que decían de nosotros.

Por eso, lo mejor es no enterarnos de esos comentarios. Si mantenemos nuestra actitud normal, al final los chismes se volverán en contra de quien los empezó.

Si un amigo viene con rumores, la conversación debe ir así:

- Amigo: «¿Sabes qué han dicho de ti?».
- Yo: «No, y tampoco me interesa».
- Yo: «¿Estabas delante?».
- Amigo: «Sí».
- Yo: «¿Me has defendido?».
- Amigo: «Sí, claro».
- Yo: «Gracias, es todo lo que me interesa saber. Que sepas que yo hubiera hecho lo mismo por ti».

Así de fácil. No nos dejamos enredar en chismes y nos aseguramos de que nuestros amigos nos apoyan.

- **Críticas constructivas:** pueden molestar, pero suelen ayudar a mejorar nuestra forma de relacionarnos.
- **Críticas como desahogo:** a veces alguien necesita soltar su enfado con otro amigo. No es necesario llevar cada palabra al criticado.
- **Críticas destructivas:** se basan en la envidia, la cobardía o la crueldad. A largo plazo, dañan más a quien las hace que a la víctima.
- **Manejar las críticas:** conviene no alimentar el cotilleo ni buscar detalles hirientes. Es preferible quedarse con la información que nos ayude a mejorar y mantener una actitud educada y respetuosa.

EJERCICIO PRÁCTICO

1 Clasifica las críticas

- Escribe ejemplos de críticas que hayas escuchado (pueden ser reales o ficticias).

  Constructivas: ______________________

  Desahogo: ______________________

  Destructivas: ______________________

- ¿Cómo diferenciarías cada tipo?

2 Prueba la estrategia del «No me interesa»

Imagina que un amigo te dice: «¿Sabes qué han dicho de ti?». ¿Cómo te sientes al responder: «No quiero saberlo, pero gracias por defenderme si estabas presente»?

____

____

3 Resolución de un conflicto

Invéntate un pequeño conflicto donde un amigo te haya criticado sin mala intención, solo para desahogarse. ¿Cómo hablarías con él para aclararlo sin romper vuestra amistad?

____

____

10

Aceptación y exclusión

Ser parte de un grupo de amigos es una de las mejores sensaciones que podemos tener. Nos hace sentir bien, acompañados y valorados. Por eso, muchas veces hacemos cosas para encajar, como jugar a juegos que no son nuestros favoritos o participar en actividades que no nos interesaban al principio, solo por compartir tiempo con los demás.

Esto no es malo, siempre y cuando tenga un límite. **Y ese límite es el respeto por uno mismo.** Nunca debemos hacer cosas que nos hagan sentir mal o que vayan en contra de nuestros valores solo para ser aceptados.

¿Qué pasa cuando alguien no consigue encajar en un grupo?

Cuando alguien siente que no es aceptado, puede reaccionar de diferentes maneras. Algunas de ellas, aunque parezcan opuestas, llevan al mismo resultado: **no conseguir la aceptación**.

1 Ser demasiado complaciente

Algunas personas intentan agradar a los demás a toda costa, y se olvidan de lo que ellas mismas quieren o necesitan. Pero si una persona no se respeta a sí misma, los demás tampoco la valorarán. No cuidar de uno mismo no es una buena estrategia para hacer amigos.

2 Rechazar antes de ser rechazado

Otras personas, al sentirse rechazadas, empiezan a apartarse de los demás antes de que los demás puedan hacerlo. Es una forma de protegerse, pero, al final, lo único que consiguen es alejarse más.

Cómo aumentar las posibilidades de hacer amigos

Estas cosas pueden ayudarte si te cuesta encajar:

✔ TENER MÁS INTERESES: a veces algo no nos llama la atención al principio, pero si lo probamos, podemos descubrir que nos gusta.

✔ SER PACIENTE: es normal sentirse un poco fuera de lugar al principio. La clave es no rendirse y seguir compartiendo tiempo con el grupo.

✔ RESPETARTE A TI MISMO: nunca hagas cosas que te hagan sentir mal solo para ser aceptado. Si un grupo te pide hacer algo humillante para entrar, no es un buen grupo.

✔ NO UNIRTE A CUALQUIER GRUPO SOLO PORQUE ES FÁCIL: si es muy fácil entrar, también será sencillo salir, y podrías sentirte más solo después. Los mejores grupos son aquellos donde cuesta un poquito entrar, porque significan más.

✔ FORMAR TU PROPIO GRUPO: si un grupo es muy cerrado y no te acepta, no insistas. Siempre hay más personas que también buscan amigos; anímate a formar tu propio grupo.

Si ves que alguien está solo o le cuesta hacer amigos, no lo ignores. Excluir a alguien o hacerle el vacío es una de las cosas más crueles que podemos hacer.

Si sabes que esa persona tiene dificultades para encajar, puedes ayudarla de una forma muy sencilla:

✔ No la excluyas. Invítala a participar en las actividades del grupo.

✔ Si ves que hace algo que dificulta que los demás lo acepten, dale consejos. No le digas «Esto es lo que dicen de ti», sino ayúdala con sugerencias para mejorar su forma de relacionarse.

Al final, todos necesitamos sentirnos parte de un grupo. Ayudar a los demás a encajar no solo es un gesto de amabilidad, sino que también hace que nuestro propio grupo sea mejor.

¿QUÉ DICE LA CIENCIA?

Un estudio de 2011 encontró que la influencia de los padres es más fuerte durante la adolescencia temprana y tiende a disminuir a medida que los jóvenes desarrollan su identidad y adquieren mayor independencia de ellos. También se observó que los adolescentes más susceptibles a la presión de grupo tienden a tener mayor ansiedad social y menor autoestima. Otro trabajo longitudinal de 2007 encontró que la capacidad de resistir la presión del grupo aumenta progresivamente entre los catorce y los dieciocho años, pero se mantiene relativamente baja en la adolescencia temprana, lo que confirma que los jóvenes más pequeños son más vulnerables a la influencia de sus compañeros.

RESUMEN DEL CAPÍTULO

- Ser parte de un grupo de amigos nos hace sentir **bien y valorados.**
- A veces hacemos cosas que no nos gustan solo para encajar, y eso está bien **siempre y cuando nos respetemos a nosotros mismos.**
- Si sientes que no encajas, tu respuesta puede ser intentar **complacer demasiado a los demás** o **alejarte para no sentirte mal**: ninguna de las dos te ayudará a hacer amigos.
- Para hacer buenos amigos puedes **probar cosas nuevas; ten paciencia, y respétate a ti mismo.**
- No nos tenemos que unir a **un grupo que nos haga sentir mal solo para pertenecer a uno.**
- Si ves a alguien que tiene dificultades para hacer amigos, prueba a **invitarle a unirse a tus actividades.**

EJERCICIO PRÁCTICO

1 Reflexiona

Piensa en una situación en la que hayas hecho algo solo para encajar en un grupo. ¿Cómo te sentiste? ¿Crees que respetaste tus propios valores? ¿Qué harías diferente la próxima vez?

2 ¿Cómo es tu grupo de amigos?

- Imagina que estás formando un nuevo grupo de amigos. Escribe una lista de actividades que te gustaría hacer y las cualidades que buscas en los miembros de tu grupo.

- Luego, reflexiona: ¿tu grupo de amigos es como el que has imaginado? ¿Soléis practicar las actividades que has escrito? Si no es así, puedes proponer a tu grupo maneras de ser más inclusivos o algunas de las actividades que tienes en tu lista.

3 Piensa en cómo puedes ayudar

Reflexiona y escribe tres nombres de personas cercanas a ti que creas que pueden sentirse excluidas. Al lado, escribe alguna cosa que podrías hacer para que se sientan más aceptadas. ¡Ayudar está al alcance de nuestra mano si nos paramos a pensar y buscamos soluciones!

11

Bullying o acoso escolar

Seguro que ya has oído hablar del *bullying* en el colegio, en casa o en la televisión. Muchas personas, como deportistas y artistas famosos, intentan ayudar a quienes lo sufren. Pero lo más importante es saber qué hacer si pasa en tu clase o en tu grupo de amigos.

Vamos a recordarlo de forma sencilla.

Lo que se debe hacer (pero que no tienes que hacer tú solo)

Cuando alguien está sufriendo acoso escolar, es muy importante actuar rápido para que no vaya a peor.

- Proteger a la víctima para que se sienta segura.

- Después, hay que ayudarla a resolver lo que está pasando, si es que hay un problema detrás.
- También es muy importante hablar con los que han hecho daño a la víctima, porque ellos también necesitan aprender que lo que hacen está mal y que hay mejores formas de relacionarse con los demás.

Pero esto no es tu responsabilidad. Esto lo deben hacer los profesores y los adultos.

Lo que sí puedes hacer tú

Si ves que alguien está sufriendo *bullying*, lo más importante es no quedarte callado.

☞ Si alguien ha sido insultado, golpeado o aislado y está triste, puedes preguntarle cómo está y apoyarlo.

☞ Si solo ha pasado una vez, puedes respetar su decisión de no decírselo a un adulto, si no quiere.

☞ Si ocurre más veces, debes contarlo. No hace falta que el profesor diga que fuiste tú quien lo contó, pero sí que esté atento a la situación.

¡Importante! Contarlo no te hace chivato. Solo estás pidiendo ayuda para alguien que la necesita.

Puedes invitar a la víctima a estar con tu grupo de amigos. Esto le dará más fuerza y evitará que se sienta sola.

Lo que no debes hacer es enfrentarte a los acosadores con violencia. Si ayudas a la víctima a no estar sola, ya estás haciendo algo muy importante.

Nadie merece ser tratado así

A veces podemos discutir con una persona o llevarnos mal con ella. Es normal, no tenemos que ser amigos de todo el mundo.

Pero eso nunca justifica tratar mal a alguien, insultarlo, excluirlo o hacer que los demás lo rechacen.

🚫 No puedes hacer eso tú.

🚫 No puedes permitir que lo hagan tus amigos.

🚫 Y si te lo hacen a ti, no debes quedarte callado.

Si nadie cuenta lo que está pasando, el acoso escolar no se detiene solo. Nadie puede aguantarlo sin que le afecte. Ignorarlo no lo hace desaparecer.

💡 SI VES *BULLYING*, ACTÚA. SI LO SUFRES, PIDE AYUDA. NO ESTÁS SOLO.

NO AL
ACOSO

RESUMEN DEL CAPÍTULO

- **Sentirnos aceptados** es muy importante y puede impulsar nuestro crecimiento personal.
- Es normal hacer **concesiones** (como jugar a un deporte que no nos encanta) para pasar tiempo con un grupo, pero **sin** renunciar a nuestra dignidad.
- Estrategias como ser **excesivamente complaciente** o **rechazar antes de ser rechazado** suelen alejarnos de la verdadera aceptación.
- Para encajar, podemos aumentar nuestros **intereses**, persistir en la incorporación al grupo y, sobre todo, no olvidar nuestro **amor propio**.
- Si vemos a alguien que tiene dificultad para **integrarse**, está en nuestra mano no **excluirlo**.
- El **acoso** o *bullying* implica agresiones repetidas y busca aislar o dañar a la víctima.
- Ante una situación de acoso, lo primero es **proteger** a la víctima y avisar a un **adulto**.
- Los conflictos cotidianos se pueden **resolver** y aportan aprendizaje. El *bullying*, en cambio, es **evitable** y solo genera sufrimiento.

EJERCICIO PRÁCTICO

1 Reflexiona

- ¿Alguna vez has presenciado un acto de *bullying* o lo has sospechado? ¿Cómo reaccionaste?

- ¿Qué podría haberte ayudado a actuar de forma más segura?

2 Crea un plan

Imagina que ves a un compañero sufrir acoso varios días seguidos. ¿Qué pasos darías para informarte y luego informar a un adulto? ¿En quién confiarías (profesor, orientador, familia...)?

3 Ayuda y apoyo

Piensa en dos maneras de integrar a una posible víctima de acoso en tu grupo de amigos. ¿Qué actividades podríais hacer juntos para que se sienta acompañada?

Epílogo

Entender para relacionarme mejor

Espero que este libro te haya dado ideas para mejorar tu relación con los amigos, para saber qué hacer en situaciones difíciles y, sobre todo, para hacer nuevos amigos.

Recuerda que la mejor manera de hacer amigos es pasando tiempo con ellos, compartiendo momentos juntos. Antes de contar historias con tus amigos, ¡tienes que vivirlas! Las mejores amistades no se crean mirando una pantalla, sino estando presentes, haciendo cosas juntos.

Los amigos se abrazan, se ríen, se miran a los ojos y comparten experiencias. En la amistad, es más importante estar que cómo estar.

El Principito decía que las cosas más importantes no se ven con los ojos, sino con el corazón. A veces, no encontramos las palabras para explicar lo que sentimos por un amigo, pero lo sabemos con certeza. Basta con recordar una aventura vivida juntos, una risa en el colegio o un momento especial en las colonias.

Cómo hacer que todos se sientan parte del grupo

Ayuda a otros a integrarse en los grupos, pero recuerda que esforzarse un poquito para formar parte de algo hace que se valore más la amistad.

Cada persona es diferente, algunas son más extrovertidas, otras más tímidas, pero todas pueden aportar algo especial. Aunque no siempre lo vemos a simple vista, **cada persona tiene un valor único en un grupo de amigos**.

Nunca dejes de aprender a ser mejor amigo

- Las personas cambian y crecen. Quizá alguien que ahora te parece un poco caótico o raro en unos años se convierta en un gran amigo.
- Cuídate a ti mismo como cuidarías a un amigo. Eres

importante, y tratarte con respeto y cariño también es una forma de ser un buen amigo para los demás.

- No tengas miedo de entrometerte en la vida de los amigos cuando lo necesiten. Si alguien tiene un problema, ayudar es lo mejor que puedes hacer. Tal vez al principio se enfade porque no lo hiciste a su manera, pero con el tiempo lo agradecerá.

Si yo fuera tu amigo, estaría orgulloso de ti.

Si fuera alguno de tus profesores o tus padres, también lo estaría.

Si fuera la persona que necesitaba ayuda, te estaría eternamente agradecido.

Toma el camino de la bondad. Dicen que es la mejor senda hacia la felicidad.

Bibliografía

Aristóteles, y C. M. Rodríguez, *Ética Eudemia,* Alianza (2017).

Aristóteles, y M. J. L. Calvo, *Ética a Nicómaco,* Alianza (2023).

Bieri, P., *La dignidad humana: una manera de vivir,* Herder (2017).

Bregman, R., *Dignos de ser humanos: una nueva perspectiva histórica de la humanidad,* Anagrama (2021).

Brown, B. B., y Lohr, M. J., «Peer-group affiliation and adolescent self-esteem: an integration of ego-identity and symbolic-interaction theories», *Journal of Personality and Social Psychology,* 52(1), 47 (1987).

Colarossi, L. G., y Eccles, J. S., «Differential effects of support providers on adolescents' mental health», *Social Work Research*, 27(1), 19-30 (2003).

Desmurget, M., *Más libros y menos pantallas. Cómo acabar con los cretinos digitales*, Península (2024).

Dunbar, R., Amigos. El poder de nuestras relaciones más importantes, Paidós (2023).

Ende, M., Momo, Alfaguara (2023).

Esquirol, J. M., La resistencia íntima: ensayo de una filosofía de la proximidad, Acantilado (2019).

Haidt, J., *La generación ansiosa: por qué las redes sociales están causando una epidemia de enfermedades mentales entre nuestros jóvenes*, Deusto (2024).

Han, B. C., *La crisis de la narración*, Herder (2022).

Han, B. C., *El espíritu de la esperanza*, Herder (2024).

Hartup, W. W., «The Company They Keep: Friendships and Their Developmental Significance», *Child Development*, 67(1), 1-13 (1996).

Kochenderfer-Ladd, B., y Wardrop, J. L., «Chronicity and instability of children's peer victimization experiences as predictors of loneliness and social satisfaction trajectories», *Child Development*, 72(1), 134-151 (2001).

Lefebvre-Pinard, M., y Reid, L., «A comparison of three methods of training communication skills: Social conflict, modeling, and conflict-modeling», *Child Development*, 179-187 (1980).

Linehan, M., *Skills training manual for treating borderline personality disorder*, Guilford (1993).

Luijten, C. C., van de Bongardt, D., y Nieboer, A. P., «Adolescents' friendship quality and over-time development of well-being: The explanatory role of self-esteem», *Journal of adolescence*, 95(5), 1057-1069 (2023).

Manzoni, M. L., Lotar, M., y Ricijaš, N., «Peer pressure in adolescence», *Saarbrücken: Lap Lambert Academic Publ* (2011).

Putri, W. C., y Nursanti, A., «The relationship between peer social support and academic resilience of young adult migrant students in Jakarta», *International Journal of Education*, 13(2), 122-130 (2020).

Rosenberg, Marshall B., *Comunicación no violenta*, Gran Aldea (2006).

Rudolph, K. D., y Conley, C. S., «The socioemotional costs and benefits of social-evaluative concerns»: Do girls care too much?, *Journal of personality*, 73(1), 115-138 (2005).

Steinberg, L., y Monahan, K. C., «Age differences in resistance to peer influence», *Developmental psychology, 43*(6), 1531 (2007).

Taleb, N. N., *Antifrágil. Las cosas que se benefician del desorden*, Paidós (2013).

Turkle, S., *En defensa de la conversación: el poder de la conversación en la era digital*, Ático de los Libros (2017).

Twenge, J. M., y Campbell, W. K., «Associations between screen time and lower psychological well-being among children and adolescents: Evidence from a population-based study», *Preventive Medicine Reports*, 12, 271-283 (2018).

VV. AA., «Separable processes for live «in-person» and live «zoom-like» faces», *Imaging Neuroscience*, 1, 1-17 (2023).

VV. AA., «The relation of pro-sociality to self-esteem: The mediational role of quality of friendships», *Journal of Personality*, 84(1), 59-70 (2016).

Continúa aprendiendo sobre tus emociones en la adolescencia con los otros libros de la colección Siento y pienso mejor.

No dejes que las pantallas dominen tu cerebro. Aprende cómo te afectan y desconecta ¡ya!

En este libro aprenderás las 7 razones por las que sin pantallas vivirás mucho mejor. Tu cerebro necesita nutrirse de las experiencias maravillosas del mundo real: aprender, comunicar, amar, sentir y vivir de verdad.

¿Sabías que es mejor leer en papel que en pantalla?
¿Por qué hay cinco veces más *bullying* en internet que en la vida real?
¿Sabes qué es la plasticidad cerebral? ¿Y la regulación emocional?
¿Es cierto que el cerebro sigue creciendo hasta los 22 años?
¿Qué relación hay entre los likes y la dopamina?
¿Cómo se practica la concentración plena?
¿Por qué nos sentimos solos si estamos más conectados que nunca?
¿Es posible proteger a los menores del porno?

**Tus emociones tienen mucho que contarte.
Aprende a validarlas todas.**

Seguro que te han dicho un millón de veces *no te enfades, no te pongas triste* o *no tengas miedo*, y también habrán celebrado tu alegría cuando algo te ha hecho feliz.

En este libro aprenderás a identificar tus emociones, entenderlas y surfearlas para conocerte y sentirte mejor.

Miedo, rabia, tristeza, alegría... ¿Cuántas emociones hay?
¿El amor es una emoción?
¿Hay emociones positivas y negativas?
¿Para qué sirven?
¿Hay que dejarse guiar por las emociones?
¿Qué relación hay entre lo que siento y lo que pienso?